Worku Kelemework
Abinew Ali

Aplicabilidade do modelo USE para medir a usabilidade do sítio Web

Worku Kelemework
Abinew Ali

Aplicabilidade do modelo USE para medir a usabilidade do sítio Web

ScienciaScripts

Imprint

Cover image: www.ingimage.com

This book is a translation from the original published under ISBN 978-620-2-06410-1.

Publisher:
Sciencia Scripts
is a trademark of
Dodo Books Indian Ocean Ltd. and OmniScriptum S.R.L publishing group

120 High Road, East Finchley, London, N2 9ED, United Kingdom
Str. Armeneasca 28/1, office 1, Chisinau MD-2012, Republic of Moldova, Europe
Printed at: see last page
ISBN: 978-620-7-80126-8

Lista de acrónimos

AAU	Addis Ababa University
BDU	Bahir Dar University
CB-SEM	Covariance Based Structural Equation Modeling
GU	Gondar University
PLS-SEM	Partial Least Square Structural Equation Modeling
USE	Usefulness (Usability), Ease of use, Ease of learning

Resumo

A facilidade de utilização é o aspeto decisivo de qualquer sistema para se obter um produto de qualidade. Existem diferentes modelos para testar a usabilidade. O objetivo do estudo é avaliar a aplicabilidade do modelo USE no contexto do sítio Web de uma universidade etíope. O modelo USE (usabilidade, satisfação, facilidade de utilização e facilidade de aprendizagem) é avaliado utilizando o método PLS-SEM. O estudo utiliza três sítios Web universitários para testar o modelo. Os resultados obtidos são encorajadores. Verificou-se que 53,3% da usabilidade é influenciada conjuntamente pelos factores considerados. Independentemente, a facilidade de utilização é influenciada pela satisfação do utilizador, pela facilidade de utilização e pela facilidade de aprendizagem em 53,1%, 20,1% e 6,1%, respetivamente. O resultado mostra que a satisfação do utilizador é o fator determinante mais importante da usabilidade do sítio Web e que o modelo "USE" é adequado para analisar a usabilidade dos sítios Web das universidades etíopes.

Capítulo 1

Introdução

1.1 Introdução

A norma ISO 9241-11 define a usabilidade como: "A medida em que um produto pode ser utilizado por utilizadores específicos para atingir objectivos específicos com eficácia, eficiência e satisfação num contexto de utilização específico". [1]Os atributos de usabilidade são a capacidade de aprendizagem, a eficiência, a capacidade de memorização, os erros e a satisfação, tal como referido por Kilpelainen (2014).

Os atributos de usabilidade são os factores mais importantes que determinam a aceitação de um sistema em geral. A usabilidade pode ser avaliada por dois métodos: Inspeção de usabilidade e testes de usabilidade. Na inspeção de usabilidade, os aspectos de usabilidade de uma determinada interface de utilizador são avaliados por um ou mais avaliadores (Nielsen, 1994). O segundo método, o teste de usabilidade, é um método em que os utilizadores finais previstos de um produto experimentam a forma como atingem os seus objectivos utilizando as funções do produto (Rinne, 2011). Existem vários métodos ou modelos de testes de usabilidade. Um desses modelos é o USE. USE significa usabilidade, satisfação, facilidade de utilização e facilidade de aprendizagem. A contribuição dos atributos individuais é analisada utilizando os sítios Web universitários como um produto.

1.2 Descrição do problema

As universidades desempenham um papel importante na formação de mão de obra qualificada. Especialmente nos países em desenvolvimento como a Etiópia, as universidades fornecem à indústria, ao sector dos serviços e à agricultura uma mão de obra qualificada e conhecedora que contribui de forma importante para promover o crescimento económico da nação.

Desde 1990, a usabilidade tem sido uma das principais preocupações dos sistemas de informação e dos sítios Web. As pessoas estão conscientes do facto de que a facilidade de utilização de um sítio Web ou de um sistema de informação ocupa um lugar central quando se fala de sistemas de informação e sítios Web centrados no utilizador.

Uma das principais razões pelas quais nos preocupamos com a usabilidade dos sítios Web é o grande número de sítios Web que oferecem os mesmos serviços e produtos. Se o utilizador não encontrar o que procura num sítio Web, passa automaticamente para o seguinte (Design the Planet, 2013). No nosso país, o número de universidades está a aumentar de tempos a tempos.

[1] Atributo, fator, construção, variável latente, aspeto de usabilidade, dimensão de usabilidade referem-se ao mesmo conceito

Estas universidades precisam de ser competentes a nível nacional e internacional. As universidades utilizam os sítios Web como um meio importante. A usabilidade desses sítios Web tem de ser estudada para satisfazer as necessidades e preferências dos utilizadores.

Os sítios Web são uma parte essencial do sucesso das organizações no desenvolvimento de

número da organização, de tempos a tempos. O mesmo se aplica às universidades. A facilidade de utilização dos sítios Web é imperativa para sobreviver e prosperar entre o grande número de concorrentes.

Atualmente, existem 33 universidades públicas etíopes com os seus próprios sítios Web. Tanto quanto é do conhecimento do investigador, não foi feito qualquer esforço nacional para medir a usabilidade dos sítios Web das universidades etíopes. Este estudo investiga se o modelo de usabilidade é adequado para examinar a usabilidade dos sítios Web das universidades públicas etíopes.

Há uma série de pesquisas de usabilidade sobre esse tema em diferentes países e contextos. Como exemplo, podemos citar um trabalho de Layla Hasen (2014), que trata da usabilidade de sítios web universitários.

O trabalho de Layla intitula-se "O sítio Web da Universidade da Jordânia: avaliação da usabilidade". O estudo utiliza heurísticas para examinar os sítios Web das universidades e identifica os problemas do sítio Web em termos de conteúdo e de usabilidade. Não existe nenhum estudo sobre a usabilidade dos sítios Web das universidades etíopes e não é avaliado nenhum modelo para medir a adequação dos modelos existentes ao nosso contexto. Tanto quanto é do conhecimento dos investigadores, este estudo é o primeiro a examinar um modelo de usabilidade para sítios Web de universidades etíopes.

A classificação das universidades está diretamente relacionada com a qualidade dos sítios Web. A Universidade de Harvard, por exemplo, ficou em primeiro lugar no Academic Rank of World Universities em 2015. Ao mesmo tempo, o sítio Web de Harvard é classificado pela Webometrics como o melhor dos EUA.

Uma das universidades públicas da Etiópia, a Universidade Bahir Dar, estabeleceu o objetivo de se tornar uma das dez principais universidades de investigação em África até 2025. Atualmente, nenhuma universidade da Etiópia se encontra entre as 10 melhores universidades de África. Os critérios mais importantes para a avaliação das universidades são a capacidade de citação e a acessibilidade dos sítios Web. Por conseguinte, é essencial melhorar a qualidade do sítio Web. A análise da usabilidade desempenha um papel importante neste contexto. Existem vários modelos de testes de usabilidade. Neste estudo, foi testado o modelo "USE" de usabilidade. O modelo centra-se na usabilidade, satisfação, facilidade de utilização e facilidade de aprendizagem.

Por último, gostaríamos de citar a afirmação de Nielsen (1999): "Sem usabilidade, estamos tramados neste domínio". Para garantir isto, o modelo USE de usabilidade foi testado para o sítio Web da universidade etíope.

1.3 Objetivo do projeto

O objetivo geral e os objectivos específicos do estudo são discutidos a seguir.

Objetivo geral

O objetivo geral do estudo é avaliar o modelo de usabilidade utilizando o sítio Web das universidades públicas da Etiópia. O modelo de usabilidade é avaliado tendo em conta atributos de usabilidade como a facilidade de utilização, a capacidade de aprendizagem e a satisfação do utilizador. Por conseguinte, o estudo centra-se na medida em que os atributos acima referidos contribuem para a usabilidade.

Objetivo específico

Os objectivos específicos são enumerados a seguir.

- Revisão da literatura sobre sítios Web em geral e sítios Web universitários em particular. A revisão também abrange a usabilidade, os testes de usabilidade, a metodologia PLS e tópicos relacionados.
- Recolher dados utilizando vários métodos de apuramento de factos.
- Experiência em que os dados são utilizados para analisar a contribuição da usabilidade, da capacidade de aprendizagem e da satisfação do utilizador para a usabilidade dos sítios Web universitários.
- Derivar observações finais com base nos resultados dos ensaios.
- Fazer recomendações para melhorar a facilidade de utilização dos sítios Web.
- Elaboração de um relatório sobre o estudo.

Hipótese original

Hipótese 1: A facilidade de utilização é determinada pela satisfação do utilizador.

Hipótese 2: A convivialidade é determinada pela facilidade de utilização.

Hipótese 3: A facilidade de utilização é determinada pela facilidade de aprendizagem.

Hipótese 4: A facilidade de utilização é determinada pelo efeito combinado da satisfação do utilizador, da facilidade de utilização e da facilidade de aprendizagem.

O estudo respondeu a todas estas hipóteses.

1.4 Metodologia

Processo de amostragem: O estudo foi realizado com base numa seleção selectiva. Das 33 universidades, foram consideradas para este estudo as universidades de primeira geração. Entre as universidades de primeira geração, foram seleccionadas a Universidade de Adis Abeba, a Universidade de Bahir Dar e a Universidade de Gondar. A razão para tal é o facto de os investigadores esperarem melhores sítios Web destas universidades e quererem minimizar os custos.

Os estudantes foram utilizados como inquiridos no estudo. Uma vez que se trata de um estudo alargado, apenas os estudantes são considerados inquiridos.

Método de apuramento de factos: Foi utilizado um questionário para recolher dados.

Método experimental: Foram utilizados os métodos de estatística descritiva e PLS-SEM para a experiência.

Ferramenta: O SmartPls e o IBM SPSS Statistics foram utilizados para a codificação e análise dos dados.

1.5 Benefícios do estudo

O estudo ajuda a medir os factores que determinam a usabilidade com base no modelo USE. Como a usabilidade é uma questão importante para os sítios Web, o estudo orienta a utilização do modelo para a avaliação e melhoria dos sítios Web universitários. O estudo também ajuda outros criadores de sítios Web a avaliar o seu sítio Web.

No entanto, não só estes, mas também outros programadores de software e projectistas de sistemas podem beneficiar com isto e melhorar a qualidade do software.

O impacto global é que as universidades atingem a sua visão, missão e objectivos e ficam à frente da concorrência global utilizando os sítios Web com melhor classificação.

Capítulo 2
Revisão da literatura

2.1 Facilidade de utilização

O conceito de usabilidade é definido de forma semelhante por diferentes académicos, com pequenas diferenças. De acordo com Jafari, A. e M. Sheehan (2002), citados em Ali Rezaeean, A. e et. al. (2012), a usabilidade é definida como a medida em que um sistema ajuda os seus utilizadores a concluir as suas tarefas de forma eficiente, eficaz e satisfatória. A usabilidade na Internet pode ser alargada de modo a incluir termos como rapidez, clareza, navegação intuitiva, facilidade de utilização, legibilidade e personalização.

A usabilidade refere-se a termos como facilidade de utilização e facilidade de aprendizagem, que implicam que os utilizadores disponham de sistemas que exijam um esforço cognitivo e físico mínimo para satisfazer as suas necessidades e expectativas Sindhuja e Surajith (2009) citados em Mentes, A. e Turan, A (2012).

De acordo com a ISO, citada em Mustafa (2014), a usabilidade é "a medida em que um produto pode ser utilizado por utilizadores específicos para atingir objectivos de campo específicos com eficácia, eficiência e satisfação num contexto de utilização específico".

O Instituto de Engenheiros Eléctricos e Electrónicos (IEEE) também define a usabilidade como "a facilidade com que um utilizador pode aprender a operar um sistema ou componente, preparar entradas e interpretar saídas" (IEEE citado em Mustafa (2014)).

A facilidade de utilização indica a facilidade de utilização de um objeto. O objeto pode ser qualquer coisa, ou seja, uma máquina, um processo, uma aplicação de software, uma ferramenta, um livro ou um sítio Web. Qualquer coisa com que uma pessoa possa interagir deve ser utilizável. No caso das aplicações de software e dos sítios Web, a usabilidade foi descrita como a forma mais fácil de uma pessoa comum utilizar o software ou o sítio Web para atingir objectivos específicos (Kumar, M.; Yadav, D.; e Singh, J.; 2015).

2.2 Atributos de facilidade de utilização

A facilidade de utilização é descrita por atributos ou características. Os atributos de usabilidade diferem de um autor para outro. De acordo com a norma ISO 9241-11, a usabilidade é caracterizada pela eficácia, eficiência e satisfação.

De acordo com Sceviour, J. (2010), a usabilidade inclui a capacidade de aprendizagem ou facilidade de utilização, a capacidade de memorização, os erros e a satisfação do utilizador. Os pontos são descritos de seguida.

Facilidade: Qual a facilidade com que os utilizadores realizam tarefas básicas quando entram em contacto com o desenho ou modelo pela primeira vez?
Eficiência: Com que rapidez podem os utilizadores realizar as tarefas depois de aprenderem a conceção?
Memorização: Quando os utilizadores regressam à conceção após um período de inatividade, com que facilidade conseguem recuperar os conhecimentos?
Erros: Quantos erros cometem os utilizadores, qual a gravidade desses erros e com que facilidade os podem retificar?
Satisfação: Até que ponto é agradável utilizar o design de um determinado sítio Web?

2.3 Sítios Web das universidades

A Internet está a mudar radicalmente a forma tradicional como as organizações interagem com o público. Para as organizações, a Web proporciona acesso a um grande público e melhora a eficiência operacional. Os sítios Web estão a tornar-se componentes essenciais para a sobrevivência de uma organização num ambiente competitivo globalizado. O sítio Web representa uma organização e comunica a sua cultura, valores e visão. O sítio Web funciona como um mecanismo de fornecimento de serviços que facilitam várias tarefas que as partes interessadas têm de realizar. O sítio Web também funciona como uma plataforma através da qual uma organização pode interagir com as suas partes interessadas (Mentes e Turan, 2012).
Os sítios Web das universidades não são exceção. O sítio Web de uma universidade não só é uma forma rentável e oportuna de comunicar com as várias partes interessadas, tais como estudantes, professores, pessoal administrativo e visitantes, como também é uma forma de a universidade moldar a sua imagem. As universidades precisam de fazer tudo o que estiver ao seu alcance para manter uma imagem positiva junto das suas várias partes interessadas, e uma forma de o fazer é utilizar as oportunidades que um sítio Web proporciona (Mentes e Turan, 2012).
Os sítios Web estão a tornar-se uma componente fundamental para a sobrevivência de uma organização no nosso mundo competitivo cada vez mais globalizado. A usabilidade de um sítio Web é de grande importância para satisfazer as necessidades e expectativas dos utilizadores (Mentes e Turan, 2012). Por conseguinte, é necessário um modelo ótimo para avaliar os sítios Web universitários. Neste estudo, foi desenvolvido um modelo de usabilidade para avaliar sítios Web universitários e outros sítios Web. O modelo foi aplicado a três sítios Web universitários. Nomeadamente: Universidade de Bahir Dar, Universidade de Gondar e Universidade de Adis

Abeba. Segue-se uma breve descrição de cada sítio Web.

A. Sítio Web da Universidade de Bahir Dar

A página inicial da Universidade de Bahir Dar está dividida nas secções Início, Sobre nós, Académicos, Investigação, Serviços, Administração, Estudantes e Colaboração, como mostra a imagem abaixo. A página de acolhimento inclui também menus rápidos, eventos e anúncios, notícias, etc. Em geral, o sítio fornece informações e serviços. O sítio Web é http://bit.bdu.edu.et/.

Figura 2. 1: Sítio Web da Universidade de Bahir Dar

B. Sítio Web da Universidade de Gondar

A página inicial da Universidade de Gondar está organizada nas secções Início, Sobre Nós, Estudantes, Unidades Académicas, Investigação, Serviços Comunitários, TIC e Biblioteca, como mostra a imagem abaixo. Eventos e anúncios, notícias, etc. também estão disponíveis na página inicial. Em geral, o sítio fornece informações e serviços. O sítio Web é http://www.uog.edu.et/en/.

Figura 2. 2: Sítio Web da Universidade de Gondar

C. Sítio Web da Universidade de Adis Abeba

A página inicial da Universidade Addis Abab está dividida nas secções Início, Sobre, Académicos, Serviços, Investigação e Contacte-nos, como mostra a imagem abaixo. Eventos e notícias, bem como ligações importantes, também podem ser encontrados na página inicial. Em geral, o sítio fornece informações e serviços. O sítio Web é http://www.aait.edu.et/.

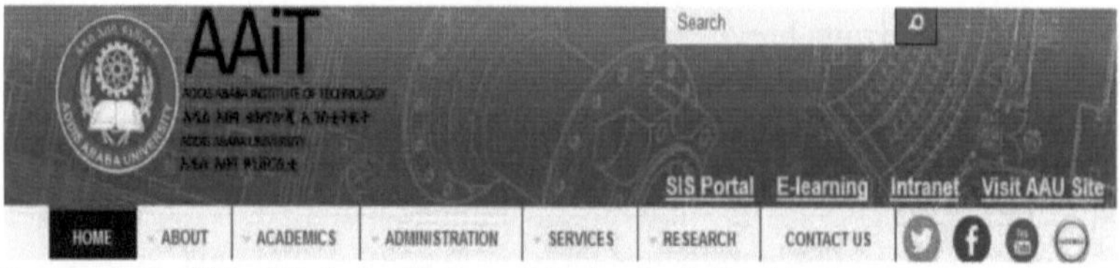

Figura 2. 3: Sítio Web da Universidade de Adis Abeba

As informações e a disposição dos menus nos três sítios Web são semelhantes. No entanto, as páginas diferem em termos de aspeto e design. Na sua maioria, as páginas contêm informações sobre bolsas de estudo, formação, associação de estudantes, perfil do pessoal, departamento, chefe de departamento, vagas, galeria de fotografias, investigação, notícias, etc. São também incluídos temas relacionados com os serviços, como o registo, a aprendizagem eletrónica (AAiT), o sistema de informação dos estudantes, etc.

2.4 Facilidade de utilização do sítio Web

Powell (2000), citado em Mentes e Turan (2012), descreve a usabilidade de um sítio Web como "a medida em que um sítio Web pode ser utilizado por um determinado grupo de utilizadores para atingir objectivos específicos com eficácia, eficiência e satisfação num determinado contexto de utilização". Por outras palavras, a usabilidade de um sítio Web é um teste do grau de sucesso do utilizador na realização de uma tarefa ou na procura de informações no sítio Web (Yusof et al., 2010 citado em Mentes e Turan, 2012).

O número crescente de sítios Web e a vasta quantidade de informação disponível na Internet ultrapassaram a nossa imaginação. Nos últimos anos, a organização da informação para facilitar a sua recuperação não tem recebido a atenção que merece. Hoje em dia, a arquitetura da informação e a investigação sobre a usabilidade são de grande importância e tornaram-se um dos principais focos de investigação. O estudo da usabilidade dos sítios Web ajuda a determinar a qualidade dos mesmos (Raju e Harinarayana, 2008).

Desde 1994, a Web desenvolveu-se rapidamente e o número de utilizadores aumentou de 3 milhões para cerca de 2 000 milhões. Segundo Hudson (2004), a Web é frequentemente descrita como uma via de sentido único que permite às pessoas com os conhecimentos necessários acrescentar dados para que

qualquer pessoa pode aceder-lhe. O desenvolvimento de um sítio Web bem sucedido e centrado no utilizador requer uma boa compreensão da usabilidade, que é simplesmente referida como facilidade de utilização. Um sítio Web que frustra constantemente os seus utilizadores com uma navegação inadequada ou onde é difícil encontrar informações é claramente um exemplo de um sítio Web que carece de uma boa experiência do utilizador. Do ponto de vista da usabilidade, as funcionalidades de um sítio Web devem ser fáceis de encontrar e de compreender (Kingori, 2011).

A Internet já não é "nova e excitante". Ter um sítio Web não torna automaticamente uma empresa inovadora ou criativa. Os utilizadores e internautas da Web esperam mais dos sítios que visitam. Já não se deixam impressionar por gifs animados e ícones interessantes. Os utilizadores vão a um sítio Web por uma razão. Têm um objetivo quando visitam um sítio Web. Estão à procura de informação e querem encontrá-la rápida e facilmente. Querem um sítio Web que seja fácil de utilizar. Como pode saber se o seu sítio Web é de fácil utilização? A melhor forma de o descobrir é realizar um estudo de usabilidade (Schmerbeck, 2011).

A facilidade de utilização é importante para manter os utilizadores no sítio Web. Não há formação sobre como utilizar um sítio Web. Um utilizador visita o sítio Web e começa a procurar informação. Se um sítio Web não for eficaz nos primeiros segundos, o utilizador está perdido (Rhodes, entrevista com Jakob Nielsen, 1999).

2.5 Obras relacionadas

Esta secção aborda os estudos mais importantes sobre a facilidade de utilização dos sítios Web.

O estudo intitulado "The Website of the University of Jordan: Usability Evaluation" de Layla Hassen (2014) centra-se na avaliação heurística do sítio Web da Universidade da Jordânia. O estudo inclui 237 estudantes para avaliar o sítio Web da universidade. A avaliação baseia-se nas seguintes categorias e subcategorias.

Categories	Sub categories
Navigation	○ Navigation support ○ Effective internal search ○ Working links ○ No broken links ○ No orphan pages
Architecture/Organization	○ Logical structure of site ○ Depth of architecture ○ Simple navigation menu
Ease of use and communication	○ Quick downloading of pages
	○ Easy interaction with a web site ○ Contact us information ○ Foreign language support
Design	○ Aesthetic design ○ Appropriate use of images ○ Appropriate use of fonts ○ Appropriate choice of colors ○ Appropriate page design ○ Consistency
Content	○ Up to date information ○ Relevant information ○ No under construction page ○ Accurate information ○ Information about the university ○ Information about colleges ○ Information about departments

Quadro 2.1: Trabalhos sobre a convivialidade

"Avaliação da usabilidade dos sítios Web universitários: um estudo empírico sobre a Universidade Namik Kemal". Este estudo foi realizado por Mentes e Turan (2012). A investigação considera estudantes, pessoal académico e administrativo para o estudo da usabilidade do sítio Web da universidade. O estudo mede a usabilidade em termos de atratividade, controlabilidade, utilidade, eficiência e capacidade de aprendizagem do sítio Web. São também analisados factores demográficos como o sexo, a idade, o cargo na universidade e a experiência na Web. Além disso, o estudo também discute os potenciais benefícios de uma melhor usabilidade do sítio Web para a administração e sugere formas de melhorar a usabilidade dos sítios Web.

Outro estudo é "Analysing website design using usability principles", de

Manojbabu e Santosh Ganapathy (2010). Esta investigação centra-se na identificação de directrizes para avaliar a usabilidade dos sítios Web, especialmente dos sistemas de reserva na Internet. O estudo examina a literatura para propor heurísticas para a avaliação da usabilidade.

Um estudo intitulado "Avaliação da satisfação do utilizador de um sítio Web educativo", realizado por Akilli (2005), está relacionado com a facilidade de utilização. O investigador queria saber se os alunos do departamento de Educação Informática e Tecnologias de Instrução (CEIT) da Universidade Técnica do Médio Oriente (METU) de Ancara, na Turquia, estavam satisfeitos com o sítio Web que estavam a utilizar. Foram incluídos no estudo 33 estudantes. Para o estudo, foi utilizado o Questionário de Satisfação de Interação (QUIS), previamente concebido.

"Investigation of factors affecting students' satisfaction with university websites", realizado por Bairamzadeh e Bolhari em 2010. 270 estudantes foram incluídos neste estudo. Os resultados do estudo mostram que a confiança dos utilizadores aumenta quando estes têm a perceção de que o sistema é de fácil utilização. Verificou-se também que uma maior inovação tem um impacto positivo na confiança e na satisfação dos utilizadores. Por último, a confiança dos estudantes tem uma influência positiva na sua satisfação.

Jabar, Ussman e Sidi realizaram um estudo em 2014 sobre "Avaliação da usabilidade dos sítios Web universitários". O estudo mediu o nível de usabilidade de três sítios Web universitários da Malásia na perspetiva de 351 estudantes, utilizando um questionário baseado num modelo de investigação para medir a usabilidade dos sítios Web com base nos factores de conteúdo, organização e legibilidade, navegação e ligações, conceção da interface do utilizador, desempenho e eficácia. Como resultado, foram identificados os pontos fortes e fracos de cada sítio Web.

Testes de usabilidade para aplicações web". O estudo foi realizado em 2015 por Kumar, Yadav e Singh. O documento mostra as comparações entre dois sítios Web de duas universidades diferentes e descobre as áreas problemáticas e algumas sugestões. O documento descreve o que constitui a usabilidade das páginas Web/sítios Web e como pode ser medida. O estudo mede a satisfação com o sítio Web, o tempo de trabalho e a experiência do utilizador.

2.6 Métodos do estudo de usabilidade

Existem vários métodos e técnicas que são utilizados para testar e medir a usabilidade. Preece (1993), citado em Akilli (2005), divide os métodos de avaliação da usabilidade em quatro categorias. Estas são: Avaliação por peritos (avaliação heurística), avaliação observacional, avaliação por inquérito e avaliação experimental.

O método de avaliação por peritos, também conhecido como avaliação heurística, é normalmente realizado por pessoas experientes nos domínios da conceção de interfaces e da investigação de factores humanos, a quem é pedido que descrevam os potenciais problemas que prevêem para os utilizadores menos experientes.

Método de observação: Este método recolhe dados que fornecem informações sobre o que os utilizadores fazem quando interagem com o software de aprendizagem. Podem ser utilizadas várias técnicas de recolha de dados.

Método de inquérito: é um método utilizado para conhecer a opinião dos utilizadores ou para compreender as suas preferências em relação a um produto existente ou potencial, através de entrevistas ou questionários.

Método de avaliação experimental: Neste método, um avaliador pode manipular uma série de factores relacionados com a interface e examinar o seu impacto no desempenho do utilizador.

O quadro seguinte indica o método, as técnicas e o tipo de avaliador para um determinado método.

Method	Techniques	Type of evaluator
Expert/Heuristic	○ Walk-through ○ Questionnaire	Experts
Observation	○ Direct observation ○ Video recording ○ Software logging ○ Verbal protocols (think aloud)	Experts/users
Survey	○ Interviews ○ Questionnaires	Experts/users
Experimental	○ Software logging ○ Questionnaires ○ Interviews	Experts/users

Quadro 2. 2: Métodos do estudo de usabilidade

De acordo com Rinder (2012), os métodos de usabilidade são categorizados em três. Estes são: Testes de usabilidade em laboratório, testes de usabilidade heurísticos e testes de usabilidade baseados em inquérito.

Método laboratorial para testar a usabilidade: Este método utiliza laboratórios em que as pessoas executam tarefas reais. Este método consiste em observar algumas pessoas enquanto tentam utilizar um sistema e registar as suas dificuldades.

Ao testar aplicações de software utilizando o método laboratorial, incluindo sítios Web, é normalmente utilizado um software especial de gravação de

ecrã para registar as teclas premidas e os movimentos do rato.
Procedimento para a realização de testes de usabilidade em laboratório.

a) Desenvolver uma pergunta de investigação
b) Realizar uma análise da tarefa: Identificar o que os utilizadores participantes irão fazer no teste.
c) Selecionar e planear as medições: Escreva um cenário, familiarize-se com o equipamento, prepare o questionário para o inquérito, crie folhas de controlo para acelerar o registo das observações. Se necessário, obtenha também autorização para efetuar investigações em seres humanos.
d) Identificação e recrutamento dos sujeitos do ensaio
e) Recolha de dados: com base em dados de observação, registo das teclas premidas e dos movimentos do rato, transcrições de expressões, respostas ao questionário no final do teste.
f) Análise e interpretação dos dados: incluindo a análise subjectiva dos observadores, a análise de conteúdo das transcrições das fitas de vídeo e de áudio e os resultados do questionário.
g) Resumir os resultados e tirar conclusões.

Alguns dos problemas associados aos testes laboratoriais são:

a) A criação de um laboratório de usabilidade completo é dispendiosa.
b) Podem ser cometidos erros no planeamento e na realização dos testes
c) Problemas de validade e fiabilidade das medidas
d) Os utilizadores representativos não podem ser identificados
e) Os resultados dos testes podem ser mal interpretados

Método de teste de usabilidade heurístico: A avaliação heurística é um método de inspeção informal para encontrar certos tipos de problemas de usabilidade na conceção da interface do utilizador. Neste método, pequenos grupos de avaliadores examinam a interface para detetar problemas de conceção e avaliar a sua conformidade com os princípios de usabilidade reconhecidos.

As primeiras colecções de orientações de usabilidade continham mais de mil regras a seguir. Nielson e Molich (1990) apresentam uma lista muito mais pequena de nove princípios. Estes são:

1. Utilizar diálogos simples e naturais
2. Falar a língua do utilizador
3. Minimização da carga de armazenamento
4. Ser coerente
5. Dar feedback
6. Existência de saídas claramente identificadas
7. Fornecer abreviaturas
8. Fornecer boas mensagens de erro

9. Evitar erros desde o início

O método de avaliação heurística utiliza directrizes ou princípios já desenvolvidos para avaliar um sítio Web específico.

As avaliações heurísticas podem ser efectuadas rapidamente em qualquer ponto do processo de conceção, seguindo um conjunto de orientações.

a) Os resultados podem ser distorcidos pelas convicções do avaliador.

b) Podem ser identificados problemas que não estão relacionados com a facilidade de utilização.

c) Os resultados podem não conduzir a um avanço no processo de conceção.

Testes de usabilidade baseados em inquéritos

Nos ensaios baseados na investigação, os utilizadores são diretamente observados e entrevistados para identificar problemas e avaliar a eficácia fora do laboratório. Algumas das técnicas utilizadas nos testes baseados na investigação são:

- Entrevistas estruturadas no local
- Observações etnográficas o Entrevistas
- Grupos de discussão
- Inquéritos
- Questionários

Uma desvantagem da abordagem baseada na investigação é que os participantes podem não ter formação em design, o que pode induzir em erro os investigadores de usabilidade e distraí-los de encontrar rapidamente soluções viáveis para as deficiências.

2.7 Questionário para estudo de usabilidade

Neste estudo, é utilizado um questionário como método de recolha de dados. Existem vários questionários já preparados para analisar a facilidade de utilização. Os mais comuns são: QUIS (Questionnaire for User Interface Satisfaction), TAM (Technology Acceptance Model), SUMI (Software Usability Measurement Inventory), NIST Web Metrics (The National Institute of Standards and Technology Web Metrics), WAMMI, MUMMS (Measuring the Usability of Multi-Media), PUTQ (Purdue Usability Testing Questionnaire), SUS (System Usability Scale) e USE (Usability, Satisfaction, Ease of Use, and Ease of Learning) (Mentes e Turan, 2012; Schneider e Ahmeti, 2016).

Este estudo avalia o modelo USE. O questionário encontra-se no Anexo A.

2.8 Perspectivas do estudo de usabilidade

Hasen (2014) e Kumar, Yadav e Singh (2015) identificaram diferentes perspectivas ou partes interessadas para estudar a usabilidade dos sítios Web do ensino superior. Estas perspectivas são analisadas a seguir.**Estudantes:**

Na Etiópia, os estudantes podem participar em três programas diferentes. Trata-se de programas de ensino regular, alargado e à distância. Os estudantes estão interessados nos cursos, na lista de pessoal, nos recursos disponíveis, no calendário académico, nas informações sobre os dormitórios, nas notas, etc. **Estudantes potenciais**: Os estudantes potenciais precisam de ter a informação necessária para tomar uma decisão informada sobre a sua escolha de universidade. Os sítios Web são atualmente a principal fonte de informação para os futuros estudantes quando consideram as universidades.**Pessoal: O** pessoal de uma universidade tem duas vertentes: académica e administrativa. Ambos os tipos de funcionários podem oferecer e aceder a serviços no sítio Web da universidade.**Potenciais funcionários: Os** potenciais funcionários visitam principalmente os sítios Web das universidades. Os sítios Web das universidades são, portanto, o primeiro ponto de contacto.Antigos **alunos**: Os antigos alunos são diplomados da universidade. Os **pais**: A principal preocupação dos pais são as obrigações financeiras relativas às propinas e ao alojamento. Os pais também estão interessados nas credenciais da universidade, na impressão geral dos cursos ou na criminalidade no campus.
Comunidade: A comunidade em geral utiliza o sítio Web da universidade por diversas razões.

Capítulo 3

Conceção e metodologia da investigação

3.1 Introdução

Este capítulo aborda os métodos utilizados no estudo. A abordagem da investigação, os procedimentos de amostragem, o desenho da amostra, os procedimentos de recolha de dados, o desenvolvimento do instrumento e a fiabilidade e validade do instrumento de recolha de dados são discutidos em pormenor. Além disso, são discutidas as técnicas de análise e interpretação dos dados.

3.2 Conceção da investigação

A abordagem geral escolhida e utilizada neste estudo é um método de investigação quantitativo e qualitativo. Por conseguinte, foram utilizadas observações e inquéritos como técnicas de recolha de dados para obter os resultados pretendidos. De acordo com Kothari (2004), a conceção da investigação é um plano ou quadro concetual para todo o processo de investigação que explica e justifica a recolha, a medição e a análise dos dados, bem como os procedimentos e as técnicas de tratamento e análise dos dados. Por conseguinte, o questionário, um método de investigação por inquérito, foi utilizado como instrumento de recolha de dados neste estudo. Foi utilizado um estudo transversal como método de investigação quantitativa para obter dados de vários inquiridos de uma só vez e para investigar o problema de investigação.

Kothari (2004) descreveu as considerações básicas sobre a conceção da investigação que qualquer investigação deve ter em conta na fase de conceção de um estudo. Por conseguinte, as seguintes considerações sobre a conceção da investigação foram também tidas em conta neste estudo:

Objetivo do estudo

Este estudo teve como principal objetivo a identificação e exploração dos factores determinantes da usabilidade (facilidade de utilização, facilidade de aprendizagem, eficácia e satisfação do utilizador) dos sítios Web académicos através do teste de hipóteses. Por conseguinte, o estudo procurou explicar as percepções dos estudantes sobre os sítios Web académicos.

Ambiente e contexto de estudo

A determinação do âmbito e do contexto do estudo é uma das considerações de conceção da investigação que um investigador deve fazer cuidadosamente. Por conseguinte, foram escolhidas para o estudo três instituições de ensino superior etíopes seleccionadas: as universidades de Adis Abeba, Bahir Dar e Gonder como população de referência para o estudo.

Num ambiente de estudo artificial, o investigador cria um ambiente controlado específico para os sujeitos a estudar, enquanto num ambiente de estudo não artificial, também conhecido como ambiente de estudo natural, o estudo é realizado no ambiente natural, enquanto os sujeitos se encontram na sua situação de vida real. Num ambiente de estudo artificial, os sujeitos podem revelar os seus comportamentos artificiais em vez de mostrarem os seus comportamentos da vida real; por conseguinte, podem não refletir a situação da vida real, ao passo que num ambiente de estudo não controlado, os sujeitos são estudados na sua situação da vida real e podem, portanto, refletir com precisão a situação da vida real. Por conseguinte, a conceção da investigação neste estudo reflecte claramente a segunda situação, ou seja, o ambiente de estudo não manipulado ou natural.

Horizonte temporal do estudo

O estudo é um estudo transversal em que os dados sobre as variáveis de interesse são recolhidos apenas uma vez a partir de amostras representativas para determinar a relação entre as variáveis de interesse, por oposição a um estudo longitudinal em que os dados sobre as variáveis de interesse para o estudo são recolhidos duas ou mais vezes a partir da população de referência para determinar a relação entre as variáveis.

3.3 Definição da população, dos métodos de amostragem e do instrumento

3.3.1. População do estudo

O grupo de referência geral deste estudo é constituído por estudantes das universidades de Adis Abeba, Bahir Dar e Gonder. O estudo refere-se aos estudantes regulares de engenharia e tecnologia das três universidades seleccionadas. Além disso, o estudo inclui apenas os estudantes do último ano destas universidades. Isto deve-se ao facto de os investigadores partirem do princípio de que os estudantes do último ano têm mais conhecimentos, introdução, competências, experiência e perícia na utilização dos sítios Web das suas universidades do que os outros estudantes. O número total de estudantes regulares nas três universidades é de 45 560 (incluindo 15 749, 13 380 e 16 431 em Bahir Dar),

Gonder e Addis Ababa University, respetivamente). O número de estudantes regulares de engenharia e tecnologia é de 21 620 (incluindo 7 120, 2 200 e 8 300 estudantes nas Universidades de Bahir Dar, Gonder e Adis Abeba, respetivamente). O número de estudantes finalistas de engenharia e tecnologia nas três universidades é de 3.537, dos quais 1.173, 1.020 e 1.344 nas universidades de Bahir Dar, Gonder e Adis Abeba, respetivamente.

3.3.2. Técnicas de amostragem

Neste estudo, foi utilizada uma técnica de amostragem estratificada para selecionar amostras representativas da população total ou de referência. Foram identificados 4 estratos, nomeadamente informática, química e alimentar, civil e águas/ambiente, mecânica e industrial, e eletrotécnica. Este método de amostragem foi utilizado nas universidades onde o estudo incluiu representantes de cada instituição. A escolha das três instituições como área-alvo do estudo deveu-se sobretudo à sua maior experiência e proximidade com o investigador. Por conseguinte, foram também consideradas as necessidades em termos de orçamento, tempo e outros recursos. Além disso, presume-se que estas instituições possuem melhores instalações de TIC e experiência na utilização de sítios Web por parte do pessoal e dos estudantes. Em seguida, os sujeitos/respondentes são seleccionados de cada um dos estratos seleccionados utilizando o método de amostragem por quotas. Os inquiridos individuais são seleccionados até ser atingido o número necessário de amostras em cada estrato, utilizando o método de amostragem aleatória simples.

3.3.3. Tamanho da amostra

A natureza do modelo, as características dos dados, as características das variáveis e a extensão das relações entre as variáveis devem ser tidas em conta na determinação da dimensão da amostra de um estudo Wong (2013). A este respeito, Hair et al. (2014) também sugeriram que o nível de significância, o poder estatístico, o coeficiente mínimo de determinação (valores R2) utilizado no modelo e o número máximo de setas que apontam para uma variável latente são factores utilizados para determinar a dimensão da amostra num modelo de equações estruturais.

Uma das vantagens do modelo PLS-SEM é que o modelo também funciona melhor quando o número de amostras que representam a população é pequeno. De acordo com Wong (2013), o número de setas que apontam para uma variável latente no modelo determina o número de amostras a recolher. Para um modelo com 8 setas a apontar para uma variável latente no modelo, são necessárias pelo menos 84 amostras. Como o aumento do tamanho da amostra aumenta o poder e a precisão do modelo, foram recolhidas mais amostras.

A fim de representar toda a população, foi recolhido um total de 541 amostras, 212 em Adis Abeba, 163 em Bahir Dar e 169 nas universidades de Gonder.

3.3.4. Instrumento de recolha de dados

Entre os vários instrumentos de recolha de dados utilizados neste estudo, o método do questionário foi o principal instrumento utilizado para recolher todos os dados relevantes da população de referência. O método do questionário foi escolhido por várias razões: A população do estudo era demasiado grande, era melhor evitar enviesamentos na análise e exigia custos e tempo reduzidos. Em suma, era mais adequado para recolher dados de muitos indivíduos com um mínimo de tempo, orçamento e outros recursos. Além disso, o método do questionário foi completado pela observação durante a análise. O inquérito foi também utilizado para confirmar a disponibilidade de hardware TIC nas universidades para utilizar o sítio Web da sua universidade.

Conceção e desenvolvimento de instrumentos

Antes de elaborar o instrumento, procedeu-se a uma leitura e análise exaustivas de vários textos sobre as dimensões da medição da qualidade dos sítios Web e sobre os modelos de testes de usabilidade utilizados até à data. Os itens ou indicadores do questionário foram retirados do modelo USE (utilidade, satisfação e facilidade de utilização) desenvolvido e testado por Lund A.M. em 2001. Este modelo tem sido aplicado e utilizado em vários estudos; disponível em (http://garyperlman.com/quest/quest.cgi?form=USE). O modelo USE explica a utilidade ou a facilidade de utilização do sítio Web, a satisfação dos utilizadores e a facilidade de utilização, bem como a facilidade de aprendizagem do sítio Web.

Em primeiro lugar, os itens do questionário foram bem testados e validados em muitos estudos. Além disso, neste estudo, a redação dos itens individuais foi verificada para determinar se eram ou não fáceis de compreender. Foi também dada a devida atenção ao aspeto geral do questionário no seu conjunto. O questionário deste estudo era composto por duas partes:

Part I: Esta parte do questionário pede informações gerais sobre o inquirido. Esta parte contém cerca de 9 perguntas.

Part II: Esta parte do questionário continha cerca de 25 (vinte e cinco) perguntas que representavam os construtos principais ou nucleares dos itens do questionário do modelo Usability of Websites Examination (USE). O objetivo desta secção era pedir aos inquiridos a sua opinião sobre a usabilidade das suas respectivas universidades. Foi utilizada uma escala de Likert de cinco pontos com os valores "concordo totalmente" = 5, "concordo" = 4, "neutro" = 3, "discordo" = 2 e "discordo totalmente" = 1 para medir os itens do questionário nesta parte. As respostas dos inquiridos foram, por conseguinte, escalonadas com base na escala de Likert descrita.

3.4. Ferramentas e técnicas utilizadas

O software SPSS (Statistical Packages for Social Science) versão 20 foi utilizado para a análise descritiva do estudo. Além disso, o software smartPls versão 3.0 foi utilizado para a modelação de equações estruturais (análise e modelação PLS-SEM). Utilizando o smartPls, foram desenvolvidos os modelos estruturais internos e os modelos de medição externos para observar as relações entre as variáveis latentes e os indicadores observados correspondentes.

Fiabilidade e validade do instrumento

A fiabilidade e a validade do instrumento são verificadas utilizando os métodos disponíveis e adequados implementados no software SmartPls. A fiabilidade de um instrumento de investigação refere-se à medida em que o instrumento fornece os mesmos resultados em ensaios repetidos. A fiabilidade refere-se à consistência, estabilidade ou equivalência de uma série de medições efectuadas na mesma pessoa, utilizando o mesmo método de medição. Se as medições repetidas forem muito coerentes (ou mesmo idênticas), a fiabilidade do método de medição é elevada. Se os desvios entre as medições repetidas forem grandes, a fiabilidade do instrumento é baixa (Golafshani, 2003; Kripanont, 2007 citando Sekaran, 2003; & Yalew, 2009). A validade de um instrumento refere-se à medida em que um estudo reflecte ou avalia com exatidão o conceito específico que o investigador está a tentar medir, assegurando que o instrumento de recolha de dados é capaz de captar completa e adequadamente os dados pretendidos (Golafshani, 2003 e Yalew, 2009). Em suma, a validade refere-se ao sucesso do estudo em medir o que os investigadores pretendem medir e indica em que medida os dados recolhidos reflectem os fenómenos que estão a ser estudados (Kripannont, 2007).

3.5. Modelação de equações estruturais (SEM)

A modelação de equações estruturais (SEM) é uma técnica multivariada que combina aspectos da regressão múltipla (examinando relações de dependência) e da análise fatorial (representando conceitos não medidos - factores com múltiplas variáveis) para estimar simultaneamente um conjunto de relações de dependência inter-relacionadas (Kripanont, 2007 citando Hair et al, 2006). A SEM é uma técnica de análise multivariada mais poderosa que proporciona aos investigadores uma maior flexibilidade na interação entre a teoria e os dados (Saneifard, 2009 citando Chin, 1998). A análise de dados utilizando métodos SEM pode incorporar tanto variáveis não observadas (ou seja, latentes) como observadas, enquanto os métodos de análise de dados anteriores (regressão linear, ANOVA, MANOVA) se baseiam apenas em medidas observadas (Kripanont, 2007 citando Hair et al., 2006).

Wong (2013) constatou que existem dois submodelos num modelo de equações estruturais: o modelo interno e o modelo externo. O modelo interno especifica as relações entre as variáveis latentes independentes e dependentes e o modelo externo especifica as relações entre as variáveis latentes e os seus indicadores observados. Na SEM, uma variável é exógena ou endógena. Uma variável exógena tem setas de caminho que apontam para o exterior e nenhuma que conduza a ela. Uma variável endógena5 , por outro lado, tem pelo menos um caminho que conduz a ela e representa os efeitos de outra variável ou outras variáveis. O modelo SEM com os modelos interno e externo e as variáveis latentes exógenas e endógenas é descrito de seguida.

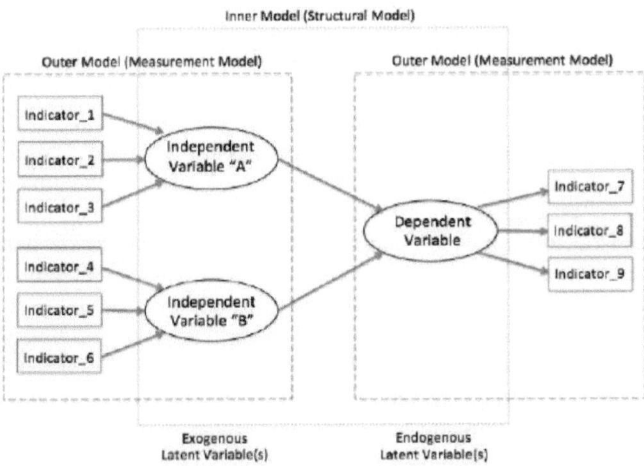

Figura: Modelo interior vs. exterior num diagrama SEM

3.5.1. PLS- SEM

Wong (2013), o PLS é útil para a modelação de equações estruturais em projectos de investigação aplicada, mesmo que haja poucos participantes. O

PLS é uma abordagem de modelação suave para SEM com sem pressupostos sobre a distribuição dos dados. O PLS-SEM tem sido utilizado em muitos domínios, incluindo as ciências comportamentais e os sistemas de informação. Neste estudo, entre as diferentes abordagens de SEM (baseada em covariância, baseada em competências e baseada em variância), é utilizada a abordagem baseada na análise de variância do PLS-SEM utilizando o software SmartPls.

3.5.1. Introdução e normalização de dados

O software SmartPLS requer a introdução de dados em bruto. O SmartPLS não requer dados normalizados. A normalização é implementada automaticamente e todos os pesos dos indicadores e valores das variáveis latentes são sempre normalizados.

O modelo utiliza 25 indicadores observados e 4 variáveis latentes indirectas utilizando a abordagem reflexiva. É utilizado um esquema de ponderação de trajectórias e um número máximo de iterações de 300.

3.5.2. O modelo de trajetória

Um modelo de trajetória é reflexivo se as setas causais passarem da variável latente (fator) para as variáveis indicadoras medidas no diagrama de trajetória. Um modelo de trajetória é formativo se as setas forem das variáveis medidas observadas para as variáveis latentes. Por vezes, os modelos reflexivos são designados por modelos "Modo A" e os modelos formativos por modelos "Modo B". O SmartPLS permite ambos os tipos de modelos (seleccione Modelo de medição inversa no menu Seleção).

Nos modelos reflexivos, os indicadores são um conjunto representativo de itens que reflectem a variável latente que medem. Os modelos reflexivos assumem que o fator é a "realidade" e as variáveis medidas são uma amostra de todos os indicadores possíveis dessa realidade. Isto significa que a eliminação de um indicador pode não ter grande importância porque os outros indicadores também são representativos. A variável latente continua a ter o mesmo significado, mesmo depois de se eliminar um indicador.

Nos modelos formativos, cada indicador representa uma dimensão de significado da variável latente. A totalidade dos indicadores representa todas as dimensões da variável latente. Os modelos formativos assumem que os indicadores são a "realidade" e representam todas as dimensões do fator. Omitir um indicador num modelo formativo equivale a omitir uma dimensão de significado, o que altera o significado da variável latente.

Uma vez que este estudo assume que o fator é a "realidade" e que as variáveis medidas representam uma amostra de todos os indicadores possíveis dessa realidade, a abordagem do modelo de reflexão (Mod A) é selecionada e aplicada.

3.5.3. Edições do modelo

A O ajuste reflexivo do modelo avalia a qualidade do ajuste no PLS-SEM e realça a proximidade entre os valores previstos das variáveis dependentes e os valores observados. O foco do PLS-SEM é, portanto, a previsão.

Uma vez que o nosso modelo aplica o modelo de medição reflexiva, os coeficientes e a significância do caminho do modelo interno, as cargas e a significância do modelo externo, a fiabilidade composta, a fiabilidade do indicador, a fiabilidade da consistência interna, a validade convergente, a validade discriminante e a significância do caminho estrutural são utilizados no bootstrapping para explicar os resultados do modelo (G. David Garson, 2016).

Os coeficientes de trajetória do modelo interno são sempre coeficientes de trajetória normalizados. Devido à normalização, os pesos das trajectórias variam, portanto, entre -1 e +1. Os pesos que mais se aproximam do número absoluto 1 reflectem as trajectórias mais fortes. Os pesos próximos de 0 reflectem as trajectórias mais fracas.

O modelo exterior é o modelo de medida, que consiste nos indicadores e nos caminhos que os ligam aos respectivos factores. As cargas externas são o foco dos modelos reflexivos, representando a contribuição absoluta do indicador para a definição da sua variável latente. Em contrapartida, os modelos formativos centram-se nos pesos exteriores, que representam a contribuição relativa do indicador para a definição da variável latente correspondente (componente ou composta). As cargas devem ser significativas, ou seja, estar compreendidas entre 0 e 1. Em geral, quanto maiores forem os loadings, mais forte e fiável é o modelo de medição G. David Garson (2016).

Fiabilidade composta

A fiabilidade composta é uma alternativa preferida ao alfa de Cronbach num modelo reflexivo como teste de validade convergente. Pode ser preferida como medida de fiabilidade porque o alfa de Cronbach pode sobrestimar ou subestimar a fiabilidade da escala. Em comparação com o alfa de Cronbach, a fiabilidade composta pode conduzir a estimativas mais elevadas da fiabilidade real. O valor de corte aceitável para a fiabilidade composta é o mesmo que para qualquer medida de fiabilidade, incluindo o alfa de Cronbach. A fiabilidade composta varia entre 0 e 1, sendo que 1 representa uma fiabilidade estimada perfeita G. David Garson (2016).

Consistência interna Fiabilidade

A consistência interna refere-se a um mecanismo utilizado para medir a fiabilidade de um instrumento em que o investigador distribui o questionário apenas uma vez aos inquiridos (Yalew, 2009). Existem vários métodos para medir a consistência interna,

Foi utilizado o método do coeficiente alfa de Cronbach. O método do coeficiente alfa de Cronbach é o método mais comummente utilizado e recomendado para medir a consistência interna em relação a outros métodos, uma vez que proporciona um melhor desempenho de medição (Yu, 2003). Por conseguinte, o método do coeficiente alfa de Cronbach foi utilizado neste estudo.

Alfa de Cronbach

O alfa de Cronbach também aborda a questão de saber se os indicadores das variáveis latentes têm validade convergente e, por conseguinte, fiabilidade. Convencionalmente, aplicam-se os mesmos valores de corte: maior ou igual a 0,80 para uma boa escala, 0,70 para uma escala aceitável e 0,60 para uma escala de investigação. Note-se, no entanto, que o alfa de Cronbach é uma medida conservadora que tende a subestimar a fiabilidade G. David Garson (2016).

Variância média extraída (AVE)

O AVE pode ser utilizado como um teste para a validade convergente e divergente. A AVE reflecte a semelhança média de cada fator latente num modelo reflexivo. Num modelo adequado, a AVE deve ser superior a 0,5 e também superior à das cargas cruzadas, o que significa que os factores devem explicar pelo menos metade da variância dos respectivos indicadores. Uma AVE inferior a 0,5 significa que a variância do erro excede a variância explicada.

Fiabilidade dos indicadores

As cargas e ponderações do modelo de medição externa fornecem um conjunto adicional de critérios para avaliar a fiabilidade dos indicadores no modelo, independentemente de se tratar de indicadores reflexivos ou formativos.

Validade discriminante

A validade discriminante pode ser explicada como a raiz quadrada da variância média extraída (AVE) em cada variável latente. Utiliza valores de correlação e favorece valores de correlação maiores entre as variáveis latentes.

Cargas transversais

De acordo com G. David Garson (2016), existe uma estrutura de factores simples que estabelece como regra geral que as cargas pretendidas devem ser superiores a 0,7 (alguns utilizam 0,6) e as cargas cruzadas devem ser inferior a 0,3 (alguns utilizam 0,4). A tabela abaixo não tem uma estrutura de factores simples devido a cargas cruzadas nos níveis .4 e .5. A falta de uma estrutura de factores simples reduz a significância dos rótulos dos factores.

As cargas cruzadas são uma alternativa à AVE como método de avaliação da validade discriminante dos modelos reflexivos. No mínimo, nenhuma variável indicadora deve apresentar uma correlação mais elevada com outra variável latente do que com a sua própria variável latente. Se for esse o caso, o modelo está incorretamente especificado.

Capítulo 4

Análise

4.1 Introdução

Este capítulo centra-se na discussão dos dados, no modelo de usabilidade, nas experiências efectuadas e nos resultados obtidos. As experiências são realizadas em quatro categorias. A primeira categoria refere-se aos dados da Universidade de Adis Abeba, a segunda categoria refere-se aos dados da Universidade de Bahir Dar, a terceira categoria refere-se aos dados da Universidade de Gondar e a quarta categoria refere-se a todos os dados recolhidos nas três universidades.

4.2 dados

Os dados serão recolhidos em três universidades. O objetivo do estudo é prever a importância dos factores que contribuem para a usabilidade dos sítios Web das universidades; por conseguinte, são recolhidos dados junto dos estudantes sobre a usabilidade dos sítios Web. Os estudantes deram as suas respostas aos sítios Web das universidades considerando três dimensões de usabilidade: facilidade de utilização, facilidade de aprendizagem e satisfação do utilizador. Os estudantes também fizeram um inquérito sobre a usabilidade utilizando vários itens. Além disso, foram feitas perguntas gerais sobre os inquiridos, as práticas de utilização da Internet e a utilização dos sítios Web da universidade. Para mais pormenores, o questionário é apresentado no Anexo A.

O número de dados utilizados para a experiência é indicado no quadro seguinte.

No.	University	Sample	Population
1	Addis Ababa University	212	1344
2	Bahir Dar University	160	1173
3	Gondar University	169	1120
Total		541	3637

Quadro 4.1: População e dimensão da amostra

Os questionários incompletos e os questionários com valores em falta são eliminados a fim de maximizar a qualidade dos resultados. Além disso, as amostras seleccionadas têm experiência de utilização da Internet e utilizaram o sítio Web da universidade.

4.3 Descrição dos entrevistados

Os dados foram recolhidos junto de estudantes do último ano do IOT (Instituto de Tecnologia) de três universidades. Os alunos diferem em termos de área disciplinar, género e faixa etária. As tabelas abaixo mostram essas diferenças pela ordem correcta.

A especialização do estudante é indicada da seguinte forma.

University	Computing	Electrical Engineering	Mechanical and Industrial Engineering	Civil Engineering	Chemiccal Engineering	Total
Bahir Dar	21	26	27	53	33	160
Gondar	36	17	25	91	0	169
Addis Ababa	31	29	35	96	21	212
Total	88	72	87	240	54	541

Quadro 4. 2: Inquiridos por departamento

A tabela mostra que a maioria dos inquiridos provém da Faculdade de Engenharia Civil e o menor número da Faculdade de Engenharia Química.

Os dados repartidos por género são apresentados a seguir.

University	Female	Male	Total
Bahir Dar	50	110	160
Gondar	18	151	169
Addis Ababa	41	171	212
Total	109	432	541

Quadro 4. 3: Inquiridos por género

O quadro mostra que a maioria dos inquiridos é do sexo masculino.

O quadro seguinte mostra a distribuição dos inquiridos por grupo etário.

University	18-22	23-28	29-45	46 and above	Total
Bahir Dar	45	113	2	0	160
Gondar	30	137	2	0	169
Addis Ababa	110	101	0	1	212
Total	185	351	4	1	541

Quadro 4. 4: Inquiridos por idade

Como se pode imaginar, a maioria dos estudantes universitários regulares são jovens. Este facto é também comprovado por este estudo, como mostra o quadro.

4.4 Modelo de facilidade de utilização

Neste estudo, são considerados os atributos de usabilidade facilidade de utilização, facilidade de aprendizagem e satisfação do utilizador, a fim de investigar os seus efeitos na usabilidade. Para o efeito, são utilizados itens (indicadores) que podem explicar a usabilidade, a facilidade de utilização, a facilidade de aprendizagem e a satisfação do utilizador. Para cada indicador, é utilizada uma escala Lickert de cinco pontos (concordo totalmente, concordo, neutro, discordo, discordo totalmente). Os indicadores utilizados para as variáveis individuais são enumerados a seguir.

Facilidade de utilização.

No.	Item	Represented by
1	The web site helps me to be more effective	Usability1
2	The web site helps me to be more productive	Usability2
3	The web site is useful	Usability3
4	The web site gives me more control over the activities in my life	Usability4
5	The web site saves me time when I use it	Usability5
6	The web site meets my needs	Usability6
7	The web site does everything I would expect it to do	Usability7

Quadro 4.5: Indicadores de facilidade de utilização

Facilidade de utilização

No.	Item	Represented by
1	The web site is easy to use	easeOfUse1
2	The web site is user friendly	easeOfUse2
3	The web site requires the fewest steps possible to accomplish what I want to do with it	easeOfUse3
4	Using the web site is effortless	easeOfUse4
5	I can use the web site without written instructions	easeOfUse5
6	I don't notice any inconsistencies when I use the web site	easeOfUse6
7	I can recover from mistakes quickly and easily when using the web site	easeOfUse7
8	I can use the web site successfully every time	easeOfUse8

Quadro 4. 6: Indicadores de facilidade de utilização

Facilidade de aprendizagem

No.	Item	Represented by
1	I learned to use the web site quickly	easeOfLearning1
2	I easily remember how to use the web site	easeOfLearning2
3	The web site is easy to learn to use it	easeOfLearning3
4	I quickly became skillful with the web site to use it	easeOfLearning4

Quadro 4.7: Indicadores da facilidade de aprendizagem

Satisfação do utilizador

No.	Item	Represented by
1	I am satisfied with the web site	USerSatisfaction1
2	I would recommend the web site to a friend	USerSatisfaction2
3	The web site is enjoyable to use	USerSatisfaction3
4	The web site works the way I want it to work	USerSatisfaction4
5	The web site is wonderful	USerSatisfaction5
6	I feel I need to use the web site	USerSatisfaction6

Quadro 4.8: Indicadores de satisfação dos utilizadores

A usabilidade depende da facilidade de utilização, da facilidade de aprendizagem e da satisfação do utilizador e é representada pelo seguinte modelo

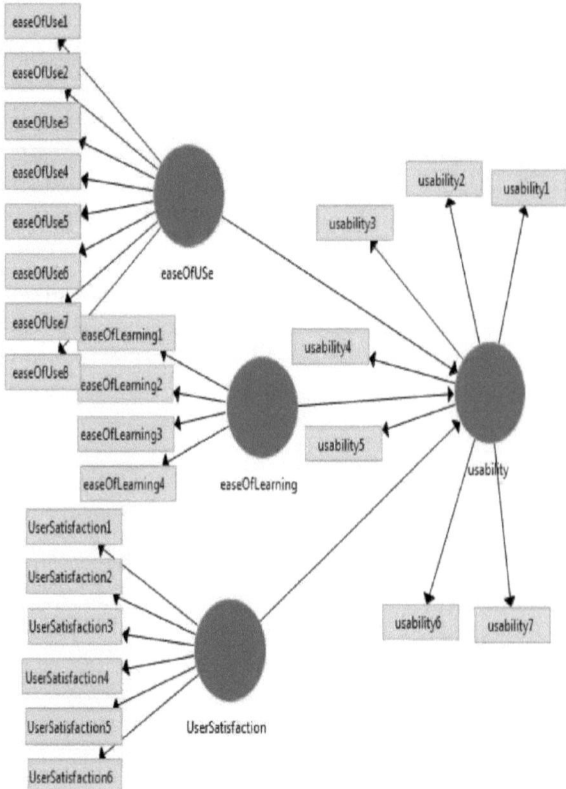

Figura 4. 1: O modelo de estudo

A secção seguinte explica a experiência e os resultados com base nos dados de três universidades independentes e nos dados combinados das três universidades.

4.5 O resultado do modelo de trajetória

A experiência é efectuada para os dados da Universidade de Adis Abeba, da Universidade de Bahir Dar, da Universidade de Gondar e para todos os dados combinados. A experiência foi efectuada utilizando o método PLS-SEM. O diagrama seguinte mostra o resultado para a Universidade de Adis Abeba. Os resultados do modelo de trajetória PLS-SEM para as outras experiências são apresentados nos Anexos B, C e D.

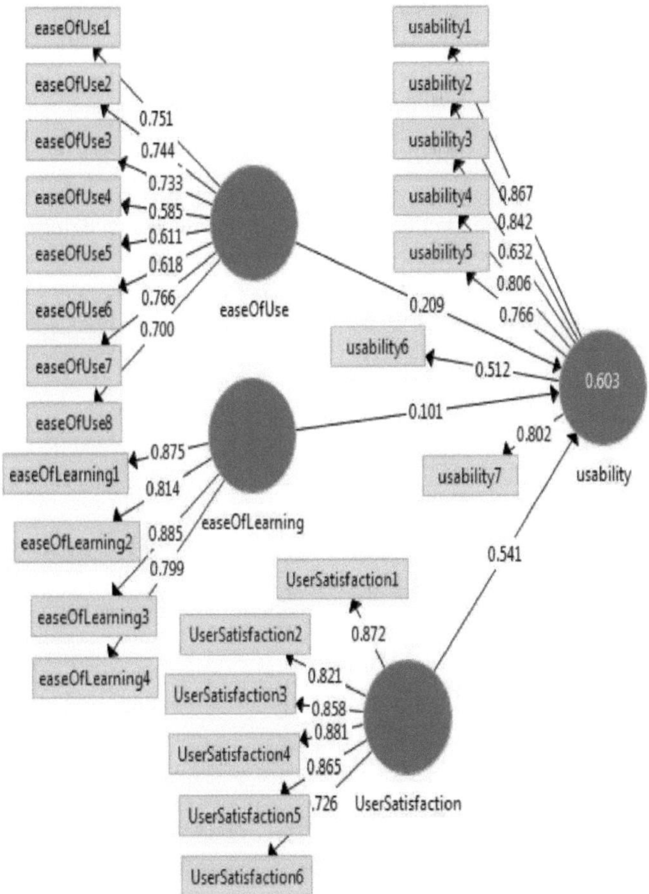

Figura 4.2: Resultado do modelo de trajetória

4.6 Coeficientes do modelo interno

Os coeficientes de caminho são apresentados na figura acima, ou seja, os números nas setas associados à facilidade de utilização. O quadro seguinte apresenta um desses resultados.

	Usability				
	AAU	**BDU**	**GU**	**All**	**Average**
UserSatisfaction	0.541	0.412	0.608	0.564	0.531
easeOfLearning	0.101	0.110	-0.016	0.047	0.061
easeOfUse	0.209	0.272	0.142	0.181	0.201

Quadro 4. 9: Coeficientes de trajetória do modelo interno

Os valores positivos indicam uma influência positiva na facilidade de utilização. Apenas a facilidade de aprendizagem tem uma relação inversa nos dados da Universidade de Gondar. Em todos os dados, a satisfação do utilizador é a mais elevada, a usabilidade a segunda mais elevada e a facilidade de aprendizagem a mais baixa.

Assim, a satisfação do utilizador é o fator determinante mais importante da usabilidade, a facilidade de utilização é o segundo fator determinante mais importante e, por último, a facilidade de aprendizagem.

Os coeficientes de trajetória para os dados da AAU são apresentados graficamente da seguinte forma.

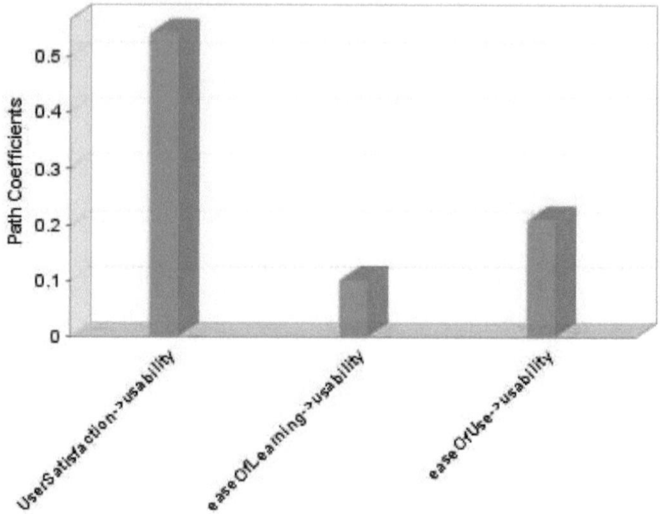

Figura 4. 3 Coeficientes de trajetória do modelo interno - caso AAU

A tabela a seguir mostra os valores da estatística T usada para testar a significância dos coeficientes de caminho determinados acima. O valor da estatística T é superior a 1,96 com um intervalo de confiança de 0,05 e indica que o valor tem uma influência significativa (Garson, 2016). Assim, a facilidade de aprendizagem não tem influência significativa. A satisfação do utilizador tem uma influência significativa e a facilidade de utilização é também o segundo atributo importante para a facilidade de utilização. Para os dados da Universidade de Gondar, a facilidade de utilização também tem uma influência insignificante.

	T Statistics				
	AAU	BDU	GU	All	Average
UserSatisfaction -> usability	8.011	5.031	6.206	12.783	8.008
easeOfLearning -> usability	1.811	1.160	0.164	1.007	1.036
easeOfUse -> usability	2.636	2.720	1.421	3.543	2.580

Quadro 4.10: Teste de significância dos coeficientes de trajetória do modelo interno

4.7 Coeficientes do modelo externo

O modelo externo ou modelo de medição mostra a fiabilidade dos indicadores para medir a variável latente especificada. Mostra os caminhos de um fator para as suas variáveis indicadoras representativas. Os coeficientes são designados por cargas exteriores, que reflectem a contribuição do indicador para a variável latente. O quadrado dos coeficientes indica a fiabilidade do indicador. Para um modelo reflexivo bem ajustado, as cargas de caminho devem ser superiores a 0,70 (Henseler, Ringle e Sarstedt, 2012 citado em Garson, 2016). Por outro lado, Hair et al. (2014) sugerem que "elevado" significa mais de 0,50.

O quadro seguinte apresenta a carga externa do estudo.

	AAU	BDU	GU	All
UserSatisfaction1	0.872	0.844	0.808	0.844
UserSatisfaction2	0.821	0.654	0.685	0.749
UserSatisfaction3	0.858	0.796	0.826	0.839
UserSatisfaction4	0.881	0.816	0.801	0.844
UserSatisfaction5	0.865	0.819	0.847	0.855
UserSatisfaction6	0.726	0.710	0.713	0.734
easeOfLearning1	0.875	0.803	0.771	0.822
easeOfLearning2	0.814	0.800	0.778	0.795
easeOfLearning3	0.885	0.850	0.846	0.860
easeOfLearning4	0.799	0.826	0.828	0.819
easeOfUse1	0.751	0.731	0.744	0.732
easeOfUse2	0.744	0.766	0.716	0.744
easeOfUse3	0.733	0.541	0.578	0.647
easeOfUse4	0.585	0.461	0.289	0.461
easeOfUse5	0.611	0.507	0.247	0.448
easeOfUse6	0.618	0.578	0.293	0.521
easeOfUse7	0.766	0.611	0.645	0.684
easeOfUse8	0.700	0.706	0.722	0.714
usability1	0.867	0.847	0.827	0.860
usability2	0.842	0.836	0.852	0.849
usability3	0.632	0.593	0.547	0.611

usability4	0.806	0.724	0.807	0.787
usability5	0.766	0.258	0.760	**0.512**
usability6	**0.512**	0.789	0.816	**0.620**
usability7	0.802	0.741	0.738	0.765

Quadro 4.11: Carga externa dos indicadores

Com base em Henseler, Ringle e Sarstedt, 2012 citados em Garson, 2016, todos os valores, exceto os sublinhados, são fiáveis. Vejamos agora o significado dos valores acima indicados, como se mostra a seguir.

	T Statistics			
	AAU	BDU	GU	All
UserSatisfaction1 <- UserSatisfaction	52.906	34.284	24.693	60.154
UserSatisfaction2 <- UserSatisfaction	26.242	9.801	11.200	28.371
UserSatisfaction3 <- UserSatisfaction	34.842	20.016	24.987	49.780
UserSatisfaction4 <- UserSatisfaction	49.940	23.669	25.481	58.956
UserSatisfaction5 <- UserSatisfaction	51.370	26.080	33.196	67.604
UserSatisfaction6 <- UserSatisfaction	15.349	12.190	14.103	25.834
easeOfLearning1 <- easeOfLearning	40.488	21.612	11.874	40.140
easeOfLearning2 <- easeOfLearning	24.455	17.533	12.114	32.336
easeOfLearning3 <- easeOfLearning	45.149	23.686	22.167	53.290
easeOfLearning4 <- easeOfLearning	23.042	25.701	20.723	46.116
easeOfUse1 <- easeOfUse	18.527	13.281	11.485	26.207
easeOfUse2 <- easeOfUse	19.219	16.219	9.094	29.065
easeOfUse3 <- easeOfUse	19.164	6.095	5.905	18.574
easeOfUse4 <- easeOfUse	7.241	5.187	1.837	8.195
easeOfUse5 <- easeOfUse	10.627	6.036	1.634	8.717
easeOfUse6 <- easeOfUse	9.122	7.931	1.953	10.393
easeOfUse7 <- easeOfUse	23.646	9.293	9.280	24.679
easeOfUse8 <- easeOfUse	19.444	15.500	11.767	31.062
usability1 <- usability	42.853	32.986	25.860	58.349
usability2 <- usability	39.115	27.493	33.670	64.821
usability3 <- usability	11.890	8.511	5.960	16.170
usability4 <- usability	25.775	16.347	20.321	36.803
usability5 <- usability	22.763	1.166	18.959	3.551
usability6 <- usability	3.353	16.674	23.940	5.174
usability7 <- usability	30.868	17.259	18.481	35.483

Quadro 4.12: Teste de significância da carga externa dos indicadores

Todos os valores são superiores a 1,96 (exceto os sublinhados), o que significa que os indicadores representam significativamente a respectiva variável latente.

Nenhum indicador é anulado, uma vez que, em média (com base nas quatro experiências), todos os indicadores são significativos.

4.8 Medição ou ajustamento do modelo externo

As setas vão do fator (facilidade de utilização, facilidade de aprendizagem, satisfação do utilizador e facilidade de utilização) para as variáveis indicadoras e determinam os valores das variáveis indicadoras medidas e representativas. O ajuste do modelo pode ser efectuado utilizando a fiabilidade composta, o alfa de Cronbach, a variância média extraída (AVE), o critério de validade discriminante de acordo com Fornell-Larcker, a raiz quadrada média padronizada dos resíduos (SRMR) e as cargas cruzadas, a relação heterotraço-monotraço (HTMT) e os valores dos factores. Os resultados encontrados são apresentados na secção seguinte.

A. Fiabilidade composta

A fiabilidade composta é um teste de validade convergente num modelo de reflexão. O resultado da fiabilidade composta é apresentado da seguinte forma.

	Composite Reliability			
	AAU	BDU	GU	All
UserSatisfaction	0.934	0.900	0.904	0.921
easeOfLearning	0.908	0.891	0.881	0.894
easeOfUse	0.879	0.830	0.767	0.835
Usability	0.901	0.869	0.909	0.883

Quadro 4. 13: Fiabilidade composta

A fiabilidade composta deve ser igual ou superior a 0,6 (Chin, 1998; Hock e Ringle, 2006 citados em Garson, 2016).

O resultado mostra que os factores de previsão explicam bem as variáveis latentes.

A figura seguinte mostra a fiabilidade composta e o limiar para os dados da AAU.

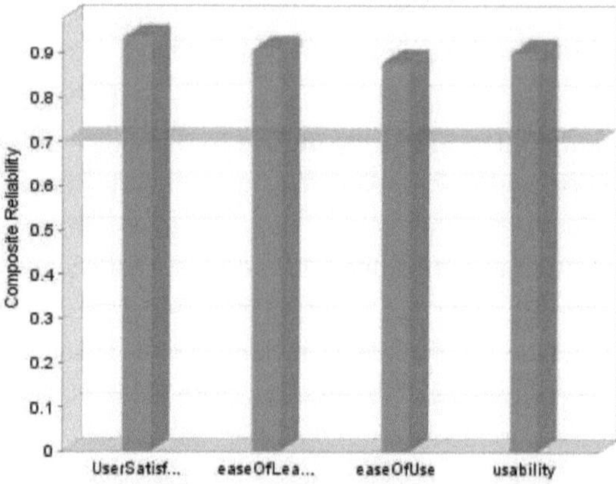

Figura 4. 4: Fiabilidade composta - caso AAU

O teste de significância para a fiabilidade composta é apresentado abaixo. Como todos os valores são superiores a 1,96, a fiabilidade composta é significativa.

	T Statistics			
	AAU	**BDU**	**GU**	**All**
UserSatisfaction	121.339	61.202	65.343	154.070
easeOfLearning	69.405	49.251	32.157	96.691
easeOfUse	61.991	41.243	10.953	65.801
Usability	66.682	42.342	73.138	58.609

Quadro 4.14: Teste de significância para a fiabilidade composta

B. Alfa de Cronbach

O resultado é apresentado abaixo.

	Cronbach's Alpha			
	AAU	**BDU**	**GU**	**All**
UserSatisfaction	0.915	0.866	0.872	0.896
easeOfLearning	0.866	0.839	0.824	0.844
easeOfUse	0.843	0.771	0.716	0.783
Usability	0.869	0.818	0.882	0.843

Quadro 4. 15: Alfa de Cronbach

Aplica-se a mesma delimitação que para a fiabilidade composta. Os indicadores são, portanto, representantes das variáveis latentes.
O resultado baseado nos dados da AAU é apresentado no gráfico seguinte.

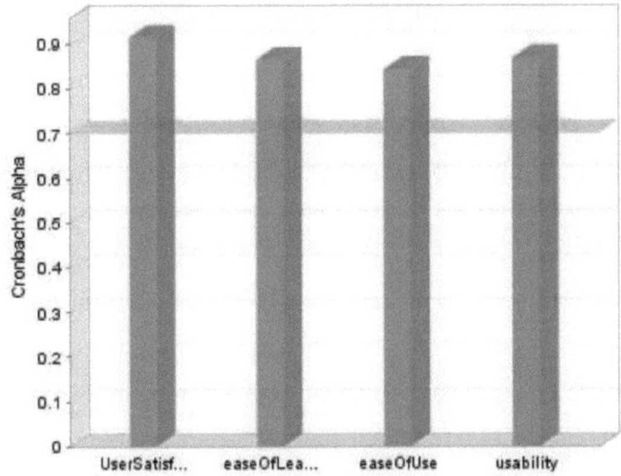

Figura 4. 5: Alfa de Cronbach - caso AAU

A tabela seguinte apresenta as estatísticas T para o alfa de Cronbach. Todos os valores são superiores a 1,96, o que mostra que os valores do alfa de Cronbach são significativos a um nível de significância de 0,05.

	T Statistics			
	AAU	BDU	GU	All
UserSatisfaction	85.167	39.241	42.648	104.983
easeOfLearning	41.259	28.465	26.246	55.554
easeOfUse	40.748	26.343	15.354	47.086
Usability	43.733	24.916	49.968	62.631

Quadro 4. 16: Teste de significância para o alfa de Cronbach

C. Variância média extraída (AVE)

O AVE pode ser utilizado como um teste de validade convergente e divergente. A AVE reflecte a comunalidade média para cada fator latente num modelo de reflexão. Num modelo adequado, a AVE deve ser superior a 0,5 (Chin, 1998; Hock e Ringle, 2006 citados em Garson, 2016).

O quadro seguinte mostra que a AVE para as 4 variáveis latentes é melhor, embora esteja ligeiramente abaixo do limiar de facilidade de utilização.

	Average Variance Extracted (AVE)			
	AAU	BDU	GU	All
UserSatisfaction	0.703	0.602	0.612	0.660
easeOfLearning	0.713	0.673	0.650	0.680
easeOfUse	0.479	0.386	0.321	0.396
Usability	0.572	0.504	0.593	0.526

Tabela 4. 17: Variância média extraída (AVE)

O diagrama abaixo ilustra a diferença utilizando dados da AAU.

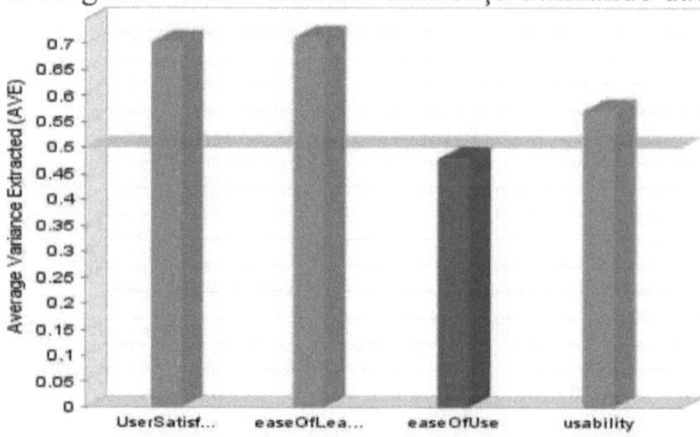

Figura 4. 6: Variância média extraída (AVE)-caso AAAU

A tabela mostra as estatísticas T para AVE. Todos os valores são significativos.

	T Statistics			
	AAU	BDU	GU	All
UserSatisfaction	27.616	16.029	16.863	36.519
easeOfLearning	22.610	16.829	14.111	32.128
easeOfUse	15.229	12.891	7.344	19.897
Usability	15.255	12.749	17.275	14.777

Tabela 4. 18: Teste de significância para a variância média extraída (AVE)

D. O critério de validade discriminante de acordo com Fornell-Larcker

No quadro dos critérios de Fornell-Larcker, a raiz quadrada do AVE aparece nas células diagonais e

As correlações aparecem abaixo. Assim, se o número superior (que é a raiz quadrada de AVE) numa coluna de factores for mais elevado em valores absolutos (o que é o caso em

neste estudo (com exceção dos sombreados) do que os números (correlações) abaixo, é dada a validade discriminante. O quadro seguinte apresenta os resultados deste estudo.

Quadro 4.19: Validade discriminante de acordo com Fornell-Larcker

	UserSatisfaction				easeOfLearning				easeOfUse				usability			
	AAU	BDU	GU	All	AAU	BDU	GU	All	AAU	BDU	GU	All	AAU	BDU	GU	All
UserSatisfaction	0.839	0.776	0.782	0.812												
easeOfLearning	0.568	0.629	0.572	0.588	0.844	0.820	0.807	0.824								
easeOfUse	0.731	0.684	0.637	0.683	0.682	0.677	0.679	0.683	0.692	0.621	0.567	0.629				
Usability	0.751	0.667	0.689	0.715	0.551	0.553	0.428	0.502	0.673	0.628	0.519	0.598	0.756	0.710	0.770	0.726

E. A raiz quadrada média normalizada do resíduo (SRMR)

A SRMR é uma medida do ajuste aproximado do modelo do investigador. Mede a diferença entre a matriz de correlação observada e a matriz de correlação implícita no modelo. Convencionalmente, um modelo é considerado bem ajustado se a SRMR for inferior a 0,08 (Hu e Bentler, 1998).

	SRMR
AAU	0.064
BDU	0.077
GU	0.213
All	0.063

Quadro 4. 20: A raiz quadrada média normalizada dos resíduos (SRMR)

Com exceção do modelo sombreado, todos os modelos são bons, uma vez que o valor é inferior ao limiar. O resultado do teste de significância é apresentado de seguida.

	T Statistics			
	AAU	**BDU**	**GU**	**All**
Saturated Model	17.122	14.950	13.552	33.411
Estimated Model	23.592	23.211	12.716	19.668

Quadro 4.21: Teste de significância para a raiz quadrada média residual normalizada (SRMSR)

O quadro mostra um resultado significativo. Todos os valores T são superiores a 1,96, pelo que o modelo é adequado.

F. Cargas transversais

As cargas cruzadas são uma alternativa à AVE como método de avaliação da validade discriminante dos modelos reflexivos. No mínimo, nenhuma variável indicadora deve apresentar uma correlação mais elevada com outra variável latente do que com a sua própria variável latente (Garson, 2016).

O resultado da carga cruzada deste estudo é apresentado abaixo. Os números fora da área sombreada devem ser superiores a 0,3 ou 0,4 (Garson, 2016), mas não é esse o caso neste estudo. Por outro lado, cumpre o critério mínimo, ou seja, os números sombreados são maiores do que os números na mesma linha com a mesma universidade. Com este resultado, podemos dizer que o modelo está adequadamente especificado.

	UserSatisfaction				easeOfLearning				easeOfUse				Usability			
	AAU	BDU	GU	All	AAU	BDU	GU	All	AAU	BDU	GU	All	AAU	BDU	GU	All
UserSatisfaction1	0.872	0.844	0.808	0.844	0.547	0.558	0.490	0.536	0.669	0.614	0.531	0.612	0.691	0.628	0.595	0.651
UserSatisfaction2	0.821	0.654	0.685	0.749	0.459	0.508	0.375	0.455	0.596	0.491	0.440	0.519	0.598	0.420	0.412	0.503
UserSatisfaction3	0.858	0.796	0.826	0.839	0.491	0.443	0.552	0.503	0.623	0.553	0.522	0.572	0.636	0.552	0.559	0.601
UserSatisfaction4	0.881	0.816	0.801	0.844	0.471	0.479	0.418	0.463	0.626	0.562	0.502	0.574	0.683	0.499	0.571	0.604
UserSatisfaction5	0.865	0.819	0.847	0.855	0.473	0.493	0.434	0.473	0.666	0.541	0.565	0.597	0.638	0.505	0.565	0.589
UserSatisfaction6	0.726	0.710	0.713	0.734	0.409	0.453	0.402	0.428	0.477	0.402	0.416	0.440	0.515	0.466	0.507	0.519
easeOfLearning1	0.481	0.456	0.429	0.455	0.875	0.803	0.771	0.822	0.608	0.552	0.552	0.577	0.501	0.398	0.266	0.381
easeOfLearning2	0.413	0.532	0.394	0.443	0.814	0.800	0.778	0.795	0.508	0.523	0.486	0.510	0.360	0.363	0.291	0.330
easeOfLearning3	0.494	0.521	0.477	0.486	0.885	0.850	0.846	0.860	0.603	0.568	0.557	0.577	0.491	0.490	0.333	0.423
easeOfLearning4	0.516	0.550	0.519	0.536	0.799	0.826	0.828	0.819	0.569	0.574	0.585	0.578	0.482	0.529	0.443	0.489
easeOfUse1	0.5	0.4	0.4	0.4	0.5	0.4	0.4	0.4	0.7	0.7	0.7	0.7	0.4	0.4	0.3	0.3

	09	72	60	70	12	93	87	98	51	31	44	32	89	20	16	99
easeOfUse2	0.481	0.480	0.454	0.475	0.501	0.544	0.473	0.509	0.744	0.766	0.716	0.744	0.454	0.477	0.379	0.423
easeOfUse3	0.508	0.344	0.346	0.437	0.532	0.349	0.431	0.455	0.733	0.541	0.578	0.647	0.497	0.307	0.275	0.400
easeOfUse4	0.405	0.208	0.130	0.239	0.352	0.255	0.261	0.287	0.585	0.461	0.289	0.461	0.380	0.192	0.006	0.186
easeOfUse5	0.387	0.219	-0.016	0.158	0.499	0.283	0.242	0.323	0.611	0.507	0.247	0.448	0.332	0.268	-0.013	0.151
easeOfUse6	0.468	0.356	0.149	0.331	0.318	0.364	0.238	0.306	0.618	0.578	0.293	0.521	0.414	0.368	0.100	0.299
easeOfUse7	0.643	0.571	0.452	0.569	0.526	0.438	0.418	0.467	0.766	0.611	0.645	0.684	0.562	0.516	0.418	0.501
easeOfUse8	0.580	0.555	0.448	0.534	0.513	0.525	0.503	0.515	0.700	0.706	0.722	0.714	0.534	0.419	0.361	0.452
usability1	0.694	0.554	0.580	0.635	0.534	0.461	0.311	0.444	0.609	0.532	0.382	0.518	0.867	0.847	0.827	0.860
usability2	0.617	0.549	0.570	0.595	0.490	0.474	0.309	0.428	0.543	0.541	0.441	0.510	0.842	0.836	0.852	0.849
usability3	0.476	0.378	0.311	0.436	0.394	0.428	0.218	0.356	0.468	0.378	0.266	0.385	0.632	0.593	0.547	0.611
usability4	0.587	0.430	0.538	0.544	0.371	0.445	0.306	0.377	0.484	0.433	0.420	0.443	0.806	0.724	0.807	0.787
usability5	0.540	0.146	0.514	0.328	0.460	0.053	0.380	0.227	0.542	0.119	0.420	0.286	0.766	0.258	0.760	0.512
usability6	0.365	0.581	0.591	0.432	0.273	0.378	0.377	0.295	0.317	0.447	0.423	0.338	0.512	0.789	0.816	0.620
usability7	0.631	0.525	0.552	0.584	0.352	0.372	0.388	0.375	0.547	0.522	0.417	0.497	0.802	0.741	0.738	0.765

Quadro 4. 22: Carga cruzada dos indicadores

G. Rácio entre heterotraço e monotraço (HTMT)

Henseler, Ringle e Sarstedt 2015, citados em Garson, 2016, sugerem que se a pontuação HTMT for inferior a 0,90, então a validade discriminante entre um determinado par de construtos reflexivos. Clark e Watson (1995) usam o valor de corte mais rigoroso de 0,85. Com base nos valores de corte, o resultado do estudo mostra que a validade discriminante é dada como mostrado na tabela abaixo.

	UserSatisfaction				easeOfLearning				easeOfUse			
	AAU	BDU	GU	All	AAU	BDU	GU	All	AAU	BDU	GU	All
easeOfLearning	0.633	0.738	0.661	0.668								
easeOfUse	0.818	0.788	0.678	0.758	0.791	0.811	0.857	0.816				
Usability	0.834	0.763	0.773	0.811	0.623	0.643	0.481	0.579	0.772	0.734	0.529	0.682

Quadro 4. 23: Rácio heterotraço-monotraço (HTMT)

A importância é elevada, como se indica a seguir.

	T Statistics			
	AAU	BDU	GU	All
easeOfLearning -> UserSatisfaction	11.146	13.564	7.371	17.791
easeOfUse -> UserSatisfaction	28.416	16.947	9.721	26.052
easeOfUse -> easeOfLearning	18.922	11.807	12.435	24.206
usability -> UserSatisfaction	24.195	14.689	14.366	33.864
usability -> easeOfLearning	10.814	7.707	4.558	12.006
usability -> easeOfUse	17.622	11.425	7.600	18.642

Quadro 4. 24: Teste de significância para a monotraço hetrotraço (HTMT)

4.9 Qualidade de ajuste do modelo estrutural

O ajuste estrutural não é analisado até que o ajuste da medida seja comprovadamente aceitável. Neste estudo, a medida ou modelo externo é aceite. Por conseguinte, o modelo interno deve ser avaliado. O modelo estrutural ou interno consiste nos factores e nas setas que ligam um fator a outro (neste contexto, facilidade de utilização a facilidade de utilização, facilidade de aprendizagem a facilidade de utilização e satisfação do utilizador a facilidade de utilização). O R-quadrado, o R-quadrado ajustado, a multicolinearidade e o F-quadrado são utilizados para testar a qualidade do modelo estrutural ou interno.

A. Quadrado R

O R-quadrado, também conhecido como coeficiente de determinação, é a medida do efeito global do modelo estrutural.

	R Square				
	AAU	BDU	GU	All	Average
Usability	0.603	0.506	0.486	0.535	0.533

Quadro 4. 25: R-quadrado

O valor R-quadrado para os dados da AAU é de 0,603, o que significa que cerca de 60,3% da variação da facilidade de utilização é explicada pelo modelo, ou seja, a satisfação do utilizador, a facilidade de aprendizagem e a facilidade de utilização combinadas; 50,06% para os dados da BDU, 48,6% para os dados da GU, 53,5% para todos os dados e 53,3% em média. Note-se que a adição de factores de previsão a um modelo PLS-SEM tende a aumentar o R2, mesmo que os factores de previsão adicionados tenham apenas uma correlação trivial com a variável endógena. [2]Para compensar esse enviesamento, pode ser utilizado o R ajustado. O R-quadrado ajustado é apresentado de seguida:

	R Square Adjusted				
	AAU	BDU	GU	All	Average
Usability	0.597	0.506	0.477	0.532	0.528

Quadro 4. 26: Quadrado R ajustado

Chin 1998: 323; Hock e Ringle, 2006 citados em Garson, 2016 caracterizam os resultados acima dos limiares 0,67, 0,33 e 0,19 como "substanciais", "moderados" e "fracos", respetivamente. Neste caso, o R-quadrado seria considerado moderadamente forte ou um efeito. Nesta base, tanto o R-quadrado como o R-quadrado ajustado têm um efeito moderado.
A significância do R-quadrado e do R-quadrado ajustado é apresentada no quadro seguinte.

	T Statistics R-Square				T Statistics R-Square Adjusted			
	AAU	BDU	GU	All	AAU	BDU	GU	All
Usability	13.006	8.387	7.882	16.668	12.699	8.075	7.593	16.495

Quadro 4. 27: Teste de significância para o R-quadrado e o R-quadrado ajustado

O resultado mostra que o valor R-quadrado obtido é significativo. Por conseguinte, podemos afirmar que a usabilidade é significativamente influenciada pela facilidade de utilização, pela facilidade de aprendizagem e pela satisfação do utilizador.

B. Multicolinearidade do modelo interno

A multicolinearidade ocorre quando duas ou mais variáveis independentes estão fortemente correlacionadas entre si. Num modelo bem ajustado, os coeficientes VIF estruturais não devem ser superiores a 4,0 (alguns utilizam o critério mais suave de 5,0) (Garson, 2016). Uma vez que todos os resultados estão abaixo do valor de corte, o resultado do estudo indica que não existe multicolinearidade entre as variáveis.

	Usability			
	AAU	BDU	GU	All
UserSatisfaction	2.187	2.076	1.791	1.978
easeOfLearning	1.908	2.043	1.974	1.976
easeOfUse	2.772	2.317	2.234	2.426

Quadro 4. 28: Multicolinearidade do modelo interno

C. dimensão do efeito f-quadrado dos factores exógenos

A equação f-quadrado expressa a dimensão da proporção de dados não explicados

	Usability			
	AAU	BDU	GU	All
UserSatisfaction	0.337	0.165	0.401	0.345
easeOfLearning	0.013	0.012	0.000	0.002
easeOfUse	0.040	0.065	0.018	0.029

Quadro 4. 29: Quadrado f

[2]variância, que é atribuível à mudança em R (Hair et al., 2014).

[2]Segundo Cohen (1988), citado em Garson (2016), 0,02 representa um efeito "pequeno", 0,15 um efeito "médio" e 0,35 um efeito "elevado". Consequentemente, a satisfação do utilizador tem o maior efeito na usabilidade, a facilidade de utilização tem um efeito pequeno e o efeito mais pequeno é o da facilidade de aprendizagem. Com base neste resultado, omitir a satisfação do utilizador conduz a um modelo pobre de facilidade de utilização e omitir a facilidade de utilização tem muito pouco efeito na qualidade do modelo. A facilidade de utilização tem um impacto menor na qualidade do modelo.

O valor da estatística T para o quadrado F é apresentado a seguir.

	T Statistics			
	AAU	BDU	GU	All
UserSatisfaction -> usability	3.188	2.220	2.518	5.151
easeOfLearning -> usability	0.846	0.430	0.017	0.383
easeOfUse -> usability	1.135	1.186	0.489	1.599

Quadro 4.30: Teste de significância para o quadrado f

A um nível de significância de 0,05, a influência da omissão da satisfação do utilizador é significativa. A omissão da facilidade de aprendizagem e da facilidade de utilização não tem impacto significativo.

4.10 Discussão

O resultado obtido é bom. UTILIZAÇÃO: O modelo de usabilidade pode ser utilizado para analisar a usabilidade dos sítios Web. O modelo tem em conta três variáveis latentes para medir a usabilidade. Estas são: Facilidade de Uso, Facilidade de Aprendizado e Satisfação do Usuário. Cada uma das variáveis latentes érepresentados por indicadores. Os indicadores reflectem a ideia de variáveis latentes. A facilidade de utilização é também representada pelos seus próprios indicadores. Ao longo deste estudo, torna-se clara a importância dos indicadores para a representação das próprias variáveis latentes, tendo sido analisada a importância de cada variável latente.

A experiência de estudo é efectuada com 4 dados: Dados da AAU, dados da BDU, dados da GU e todos os dados. O número total de dados é de 541 e o modelo é razoável com base nos resultados de ajuste do modelo encontrados. Por conseguinte, é legítimo discutir os resultados encontrados e formular conclusões e recomendações.Os indicadores representam bem as variáveis latentes, mas a representação de três indicadores para os dados da Universidade de Gondar não é significativa. Trata-se dos indicadores 4, 5 e 6 relativos à facilidade de utilização. Estes três indicadores são elementos de usabilidade. As variáveis ou indicadores são: Facilidade de Utilização 4 (Utilizar o sítio Web é fácil), Facilidade de Utilização 5 (Posso utilizar o sítio Web sem instruções escritas) e Facilidade de Utilização 5 (Não noto quaisquer inconsistências quando utilizo o sítio Web). Este resultado só se verificou para os dados da Universidade de Gondar. Por outro lado, o efeito da Facilidade de Utilização 5 não é significativo para os dados da Universidade de Bahir Dar. Este indicador é: o sítio Web poupa-me tempo quando o utilizo. Quando se considera a média das quatro experiências, os indicadores são mais representativos das variáveis latentes.As experiências mostram que as três variáveis latentes têm uma influência positiva na facilidade de utilização. Uma constatação excecional é que a facilidade de aprendizagem está negativamente associada à facilidade de utilização nos dados da Universidade de Gondar.Embora o resultado indique uma relação positiva, a facilidade de aprendizagem não tem um impacto significativo na usabilidade. A satisfação do utilizador e a facilidade de utilização têm uma influência significativa na usabilidade. Mais uma vez, os dados da Universidade de Gondar mostram uma influência insignificante da facilidade de utilização na usabilidade. A satisfação do utilizador está mais fortemente relacionada com a facilidade de utilização, seguida da facilidade de utilização e da facilidade de aprendizagem.

O efeito combinado das três variáveis latentes (facilidade de utilização, facilidade de aprendizagem e satisfação do utilizador) na facilidade de utilização é significativo.

Capítulo 5

Conclusão e recomendação

5.1 Introdução

Este capítulo apresenta as observações finais do estudo. Na secção de recomendações, são também feitas recomendações.

5.2 Conclusão

A usabilidade está no centro de qualquer produto que precisa de ser constantemente melhorado. Quando olhamos para os sítios Web, a usabilidade é fundamental para atingir os objectivos de uma determinada organização. Existem vários modelos para medir a usabilidade. O modelo que será avaliado neste estudo é o modelo USE de usabilidade. O modelo é baseado em Lund, A.M.; o modelo utiliza três dimensões para medir a usabilidade: facilidade de utilização, facilidade de aprendizagem e satisfação do utilizador. O objetivo do estudo é testar se o modelo pode ser aplicado para medir os sítios Web das universidades etíopes. Para o efeito, serão utilizados 541 dados de três universidades diferentes. A experiência é efectuada para cada universidade individualmente e também para as três universidades. A conclusão baseia-se nestas quatro experiências.

As hipóteses mencionadas no primeiro capítulo devem ser retomadas aqui. São elas:

- Hipótese 1: A facilidade de utilização é determinada pela satisfação do utilizador.
- Hipótese 2: A convivialidade é determinada pela facilidade de utilização.
- Hipótese 3: A facilidade de utilização é determinada pela facilidade de aprendizagem.
- Hipótese 4: A facilidade de utilização é determinada pelo efeito combinado da satisfação do utilizador, da facilidade de utilização e da facilidade de aprendizagem.

Com base nos resultados obtidos, são tiradas as seguintes conclusões.

- A avaliação do modelo mostrou que o modelo de equação estrutural utilizado é adequado.
- Verifica-se que os indicadores seleccionados com base no modelo USE representam melhor os factores de convivialidade ou as variáveis latentes (convivialidade, facilidade de aprendizagem, satisfação do utilizador).
- A hipótese 1 é assumida. A facilidade de utilização é determinada em grande medida pela satisfação do utilizador. A contribuição da satisfação do utilizador é, em média, de 53,1%. Assim, a satisfação

do utilizador é o fator determinante mais importante da facilidade de utilização.

- A hipótese 2 também é aceite. A facilidade de utilização tem uma influência de 20,1% na usabilidade, e esta influência é significativa. O resultado mostra que a usabilidade dos sítios Web é o segundo fator importante para maximizar a usabilidade dos sítios Web.
- A hipótese 3 é rejeitada. Embora a facilidade de aprendizagem contribua em média com 6,1% para a facilidade de utilização, o efeito não é significativo. Isto não significa que a facilidade de aprendizagem não tenha nada a ver com a facilidade de utilização de um sítio Web. A facilidade de aprendizagem tem uma certa influência, mas é menor do que a de outros factores e não é suficientemente significativa.
- A hipótese 4 é a seguinte. O efeito combinado da facilidade de utilização, da facilidade de aprendizagem e da satisfação do utilizador na facilidade de utilização é significativo. O resultado baseado no R-quadrado mostra que a usabilidade é expressa pelos três factores em 53,3%. O resultado mostra que os três factores são de importância primordial, mas há outros factores que podem maximizar a usabilidade dos sítios Web.
- Com base na avaliação dos resultados, podemos concluir que o modelo USE pode ser utilizado para avaliar a usabilidade dos sítios Web universitários em particular e de qualquer sítio Web em geral.

5.3 Recomendação

O estudo procurou avaliar o modelo USE em termos de usabilidade. A aplicabilidade do modelo para a avaliação de sítios Web é analisada utilizando os sítios Web da Universidade de Adis Abeba, da Universidade de Bahir Dar e da Universidade de Gondar. O resultado encontrado é prometedor, mas há vários aspectos que devem ser considerados para melhorar o resultado. São feitas as seguintes recomendações para a investigação futura neste domínio, a fim de melhorar os resultados e descobrir diferentes aspectos. Neste estudo, são utilizados 25 indicadores para representar factores ou variáveis latentes. Podem ser utilizados indicadores adicionais para representar os factores. É mesmo possível utilizar indicadores diferentes para o mesmo constructo e testar o efeito. Neste estudo, foram analisados três aspectos da usabilidade. Outros factores, como a memorização, a eficiência, os erros, etc., podem ser incluídos no estudo da usabilidade. O modelo de percurso utilizado neste estudo conduz das variáveis latentes (facilidade de utilização, facilidade de aprendizagem, satisfação do utilizador) à facilidade de utilização. O modelo utilizado pode ser verificado aumentando o número de dados e o número de universidades, uma vez que este estudo foi realizado num sítio Web educativo. O estudo pode ser alargado para avaliar o modelo de usabilidade com base em diferentes tipos de sítios Web, tais como sítios Web de comércio eletrónico, sítios Web governamentais, etc. O modelo também pode ser testado em produtos de software que não sejam sítios Web. O modelo também pode ser testado em produtos de software que não sejam sítios Web. Os produtos podem ser aplicações Web ou de secretária, por exemplo, sistemas de registo, sistemas financeiros, sistemas de gestão de recursos humanos, etc. O método utilizado para este estudo é o PLS-SEM. Vários métodos podem ser utilizados para testar o modelo, tais como: O questionário utilizado neste estudo é uma escala de 5 pontos (concordo fortemente, concordo, neutro, discordo, discordo fortemente); especificamente para as variáveis indicadoras. Uma escala de sete pontos (concordo totalmente, concordo um pouco, concordo, neutro, discordo um pouco, discordo, discordo totalmente) também pode ser utilizada para testar o modelo.

Referência

1 . AAiT (2015). Instituto de Tecnologia de Adis Abeba. Sítio Web: http://www.aait.edu.et/. Retrieved on: Nov,01,2015.

2 . Ranking Académico das Universidades do Mundo (2015). Ranking das melhores universidades da Grande China 2015 Comunicado de imprensa. Sítio Web: http ://www. shanghairanking.com/. Recuperado em: Nov,01,2015.

3 . Akilli, G. (2005). Avaliação da satisfação do utilizador de um sítio Web educativo. Jornal Turco Online de Tecnologia Educacional - TOJET, Vol. 4, No. 1.

4 . Bairamzadeh, S. e Bolhari, A. (2010). Investigação dos factores que afectam a satisfação dos estudantes com os sítios Web das universidades. IEEE.

5 . Bautista, J. (2010). Percepções dos estudantes sobre a usabilidade dos sítios Web das universidades: Uma avaliação.

6 . Bernard, M. (2000). Conceção de sítios Web centrados no utilizador: As fases iniciais de conceção de sítios Web de pequena e média dimensão. Sítio Web: http://wsupsy.psy.twsu. edu/surl/usabilitynews/2W/webdesign.htm. Recuperado em: Nov,01,2015.

7 . BiT (2015). Instituto de Tecnologia BAhir Dar. Sítio Web: http://bit.bdu.edu.et/. Retrieved on: Nov,01,2015.

8 . BDU (2015). Missão e visão. Sítio Web: http://bdu.edu.et/page/mission-and- vision. Recuperado em: Nov,01,2015.

9 . Burchell, J. e Cook, J. (2008), Stakeholder dialogue and organizational learning: changing relationships between companies and NGOs. Business Ethics: A European Review, Vol. 7, No. 1.

10 Clark, L. A. & Watson, D. (1995). Construct validity: Basic issues in the development of objective scales. Psychological Assessment, Vol. 7, No. 3.

11 .design the planet (2013). A importância dos testes de usabilidade na web. Site: http://www.designtheplanet.com/the-importance-of-web-usability-testing/. Recuperado em 01/11/2015.

12 Garson, D. (2016). Partial Least Squires: Modelos de Regressão e de Equação Estrutural. Statistical Associates Publishing.

13 Golafshani (2003). Understanding Reliability and Validity in Qualitative Research, The Qualitative Report . Vol. 8 No. 4, Universidade de Toronto, Toronto, Ontário, Canadá. Disponível em: http://www.nova.edu/ssss/QR/QR8- 4/golafshani.pdf.

14 GU (2015). Universidade de Gondar. Sítio Web: http ://www.uog.edu.et/en/ . Recuperado em: Nov,01,2015.
15 Gutierrez-Garcia, E. (2008). A comunicação corporativa na gestão empresarial: Porque deve ser gerida estrategicamente? O caso espanhol. Congresso Euprera 2008, Institucionalizar as Relações Públicas e a Comunicação Empresarial, 16-18 de outubro de 2008, Milão.
16 Hair, J. F., Hult, G. T. M., Ringle, C. M., & Sarstedt, M. (2014). Uma cartilha sobre modelagem de equação estrutural de mínimos quadrados parciais (PLS-SEM). Thousand Oaks: Sage.
17 Hasen, L. (2013). Avaliação heurística de três sítios Web de universidades jordanas. Informática na Educação, Vol. 12, No. 2.
18 Hasen, L. (2014). O sítio Web da Universidade da Jordânia: Avaliação da usabilidade. Revista Internacional Árabe de Tecnologia Eletrónica, Vol. 3, No. 4.
19 Hu, L. e Bentler, P. (1998). Fit indices in covariance structure modelling: Sensitivity to underparametric model mispecification. Psychological Methods, Vol.3, No. 4.
20 Jabar, A.; Usman, A. e Sidi, F. (2014). Avaliação da usabilidade dos sítios Web das universidades.
Revista Internacional de Processamento e Gestão da Informação (IJIPM), Vol. 5, No. 1.
21 Kilpelainen, R. (2014). Conceção de testes de usabilidade para uma ferramenta de aprendizagem sem descontinuidades baseada em nfc.
22 Kingori, C. (2011). Estudo de Usabilidade de uma Intranet.
23 Kothari (2004). Metodologia de investigação: métodos e técnicas. Segunda edição revista. New Age International Private Limited Publishers.
24 Kripanont (2007). Investigação de um modelo de aceitação tecnológica da utilização da Internet por académicos em escolas de gestão tailandesas. Dissertação. Victoria University, Melbourne, Austrália.
25 Kumar, M.; Yadav, D. e Singh J. (2015). Teste de usabilidade para aplicação web. Jornal Internacional de Eletrónica Eléctrica e Engenharia Informática, Vol. 2, No. 3.
26 Layla, H. (2014). O sítio Web da Universidade da Jordânia: Avaliação da usabilidade. International Arab Journal of e-Technology, Vol. 3, No.
27 Lund, A.M. (2001). Measuring usability with the USE questionnaire (Medindo a usabilidade com o questionário USE). STC Usability SIG Newsletter, 8:2.

28 Manojbabu e Ganapathy, S. (2010). Analisar a conceção de sítios Web com base em princípios de usabilidade.

29 Mentes, A.; Turan, A. (2012). Evaluating the usability of university websites: An Empirical Study on Namik Kemal University. TOJET: The Turkish Online Journal of Educational Technology, Vol. 11, No. 3.

30 Mustafa, S. (2014). Um sítio Web acessível é mais utilizável?

31 Nielsen, J. (1994). Métodos de Inspeção da Usabilidade. Nova Iorque: EUA.

32 Raju, V. e Harinarayana, N. (2008). An analysis of the usability of library websites. Annals of Library and Information Studies, Vol. 55.

33 Rezaeean, A.;Bairamzadeh, S. e Bolhari, A. (2012). A importância das inovações do sítio Web na satisfação dos estudantes com os sítios Web das universidades. Revista Mundial de Ciências Aplicadas, Vol. 18, No. 8.

34 Rhodes, John S. (1999). [Entrevista com Jakob Nielsen]. Sítio Web: http://webword.com/interviews/nielsen.html. Recuperado em 02 de novembro de 2015.

35 Rinne, P. (2011). Testes de usabilidade remotos com transmissão de vídeo em direto.

36 Saneifard, R. (2009). Investigação dos factores que influenciam a adoção de negócios B2C móveis no Irão. Tese de mestrado, Faculdade de Administração de Empresas e Ciências Sociais, Universidade de Tecnologia de Lulea.

37 Sceviour, J. (2010). Usabilidade e testes de usabilidade de sítios Web: Um exemplo de uma remodelação para a Sargent Manufacturing.

38 Schmerbeck, A. (2011).Estudos de usabilidade: Teste o seu sítio Web.

39 Schneider, D. e Ahmeti, V. (2016). Inquéritos sobre a usabilidade e a experiência do utilizador. Website: http://edutechwiki.unige.ch/en/Usability e inquéritos sobre a experiência do utilizador.
Recuperado em 01 de junho de 2016.

40 Steinmann, H. e Zerfa, A. (1993). Diálogo empresarial - Uma nova perspetiva para as relações públicas. Business Ethics: A European Review, Vol. 2, No. 2.

41 Parceiro para a facilidade de utilização. Normas ISO para usabilidade e design centrado no utilizador. Sítio Web: http://www.usabilitypartners.se/about-usability/iso-standards.php. Recuperado em 01/11/2015.

42 Webometrics (2015). Ranking Web of Universities. Sítio Web: http://www.webometrics.info/en/americas/usa. Recuperado em: Recuperado em 01/11/2015.
43 Wong, K. (2013). Técnicas de modelação de equações estruturais por mínimos quadrados parciais (PLS-SEM) utilizando SmartPLS. Marketing

Apêndice A: Questionário

Parte I - Perguntas de fundo. Faça um círculo à volta da sua escolha.

1. Qual é o seu departamento?______________________________
2. Seleccione o seu sexo:

    A. FemininoB . Masculino
3. A que grupo etário pertence?

    A. 17 eB . 18 -
    22D . 29 - 45
    sobC . 23 -
    28E . 46 anos ou mais
4. Utiliza a Internet?

    A. SimB . Não
5. Se respondeu "sim" à pergunta 4, há quanto tempo utiliza a Internet?

    A. Menos de 1 anoC . 4-6 anos
    B. 1 - 3 anosD . Mais de 6 anos

Se respondeu "sim" à pergunta 4, quanto tempo por semana utiliza a Internet?

A. Menos de 5 horas por semanaD . Mais de 20 horas por semana
B. 5 - 10 horas por semanaSemana
C. 10 - 20 horas por semana

7. Para que fins utiliza principalmente a Internet? (selecionar uma)

    A. EntretenimentoE . Notícias
    B. FormaçãoF . Outra; especificar : __________
    C. Assuntos sociais
    D. Investigação
8. Com que frequência visita o sítio Web da sua universidade?

    A. Nunca visitei
    B. Visito o sítio Web pelo menos uma vez por mês
    C. Visito o sítio Web pelo menos uma vez por semana
    D. Visito o sítio Web pelo menos uma vez por dia

Parte II - Classifique os pontos individuais, assinalando com uma cruz grossa (*) a caixa à frente de cada ponto, consoante concorde ou discorde do respetivo ponto.

Pontos relacionados com a facilidade de utilização do sítio Web da sua universidade

No.	Item	Strongly agree	Agree	Neutral	Disagree	Strongly disagree
1	The web site helps me to be more effective					
2	The web site helps me to be more productive					
3	The web site is useful					
4	The web site gives me more control over the activities in my life					
5	The web site saves me time when I use it					
6	The web site meets my needs					
7	The web site does everything I would expect it to do					

Pontos relacionados com a facilidade de utilização do sítio Web da sua universidade

No.	Item	Strongly agree	Agree	Neutral	Disagree	Strongly disagree
1	The web site is easy to use					
2	The web site is user friendly					
3	The web site requires the fewest steps possible to accomplish what I want to do with it					
4	Using the web site is effortless					
5	I can use the web site without written instructions					
6	I don't notice any inconsistencies when I use the web site					
7	I can recover from mistakes quickly and easily when using the web site					

Pontos relativos à facilidade de utilização do sítio Web da sua universidade

No.	Item	Strongly agree	Agree	Neutral	Disagree	Strongly disagree
1	I learned to use the web site quickly					
2	I easily remember how to use the web site					
3	The web site is easy to learn to use it					
4	I quickly became skillful with the web site to use it					

No.	Item	Strongly agree	Agree	Neutral	Disagree	Strongly disagree
1	I am satisfied with the web site					
2	I would recommend the web site to a friend					
3	The web site is enjoyable to use					
4	The web site works the way I want it to work					
5	The web site is wonderful					
6	I feel I need to use the web site					

Informações sobre a satisfação dos utilizadores com o sítio Web da sua universidade

Mais uma vez, obrigado pelas vossas informações valiosas!

Appendix B: Resultado do modelo de trajetória PLS-SEM utilizando dados da Universidade de Bahir Dar.

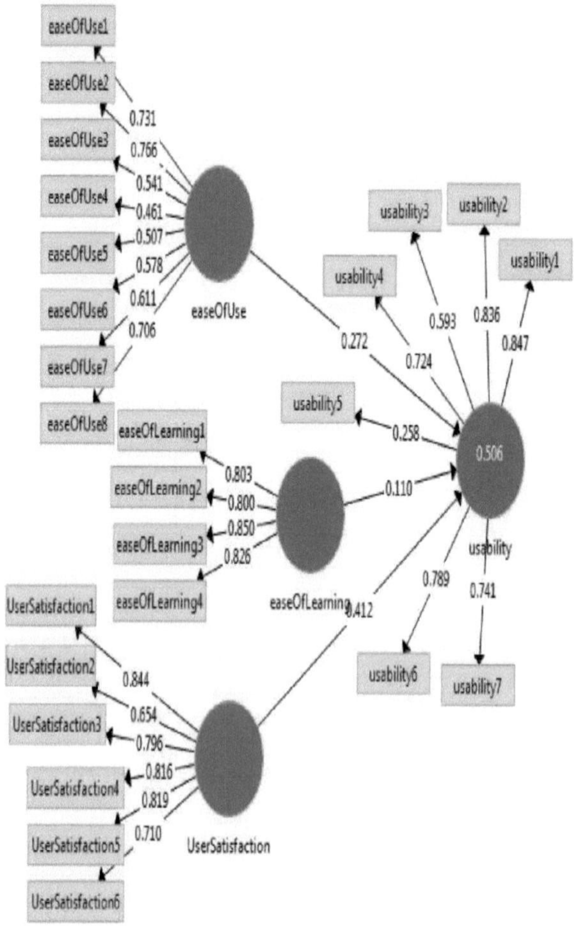

Appendix C: Resultado do modelo de trajetória do PLS-SEM utilizando dados da Universidade de Gondar.

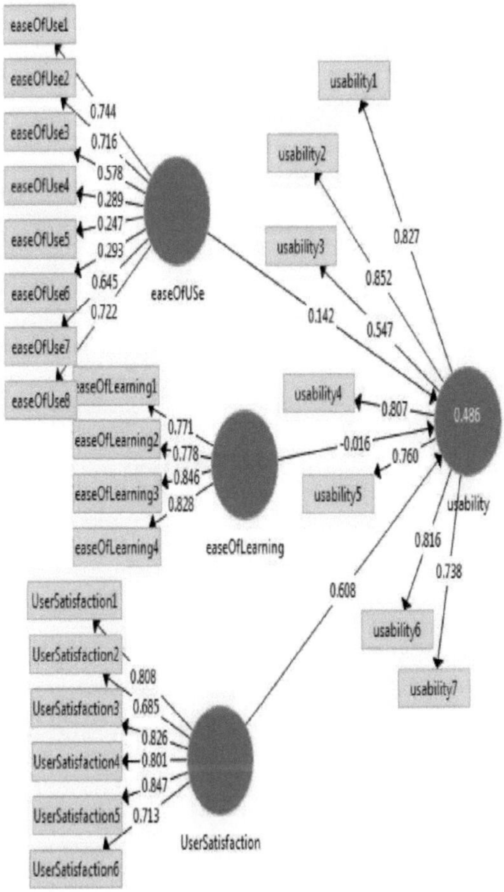

Apêndice D: Resultado do modelo de trajetória do PLS-SEM utilizando todos os Dados da universidade.

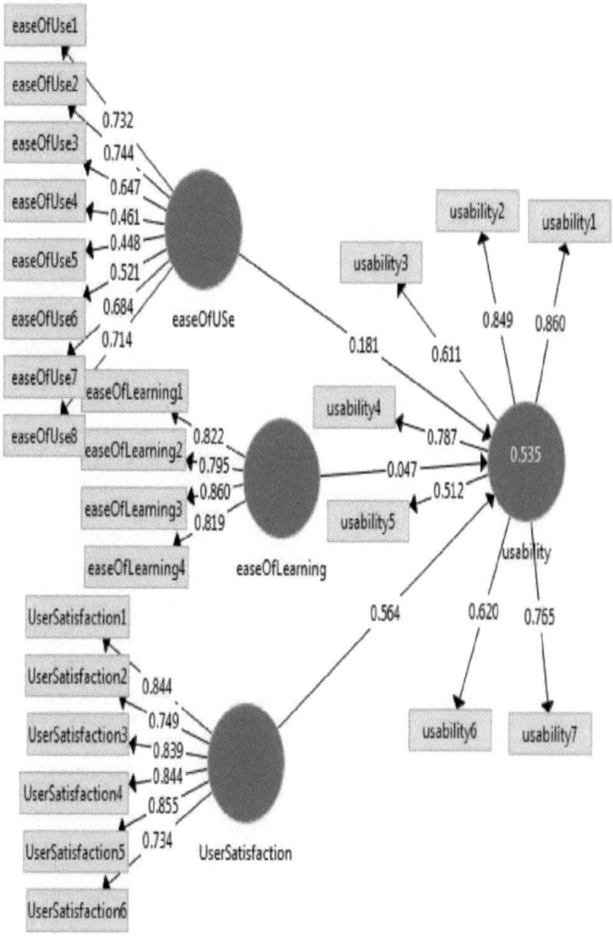

Índice

MIX
Papier aus verantwortungsvollen Quellen
Paper from responsible sources
FSC® C105338

Printed by Books on Demand GmbH, Norderstedt / Germany